Un Llamado al Gozo

Guía del Discípulo

*Un programa para el
creyente en desarrollo*

Billie Hanks

Traducido por Josie de Smith

EDITORIAL MUNDO HISPANO

EDITORIAL MUNDO HISPANO

Apartado Postal 4256, El Paso, TX 79914 EE. UU. de A.

www.casabautista.org

Agencias de Distribución

CBP ARGENTINA: Rivadavia 3474, 1203 Buenos Aires, Tel.: (541)863-6745. **BOLIVIA:** Casilla 2516, Santa Cruz, Tel.: (591)342-7376, Fax: (591)342-8193. **COLOMBIA:** Apartado Aéreo 55294, Bogotá 2, D.C., Tel.: (571)287-8602, Fax: (571)287-8992. **COSTA RICA:** Apartado 285, San Pedro Montes de Oca, San José, Tel.: (506)225-4565, Fax: (506)224-3677. **CHILE:** Casilla 1253, Santiago, Tel: (562)672-2114, Fax: (562)695-7145. **ECUADOR:** Casilla 3236, Guayaquil, Tel.: (593)445-5311, Fax: (593)445-2610. **EL SALVADOR:** Av. Los Andes No. J-14, Col. Miramonte, San Salvador, Tel.: (503)260-1838, Fax: (503)260-1730. **ESPAÑA:** Padre Méndez #142-B, 46900 Torrente, Valencia, Tel.: (346)156-3578, Fax: (346)156-3579. **ESTADOS UNIDOS: CBP USA:** 7000 Alabama, El Paso, TX 79904, Tel.: (915)566-9656, Fax: (915)565-9008, 1-800-755-5958; 960 Chelsea Street, El Paso TX 79903, Tel.: (915)778-9191; 3725 Montana, El Paso, TX 79903, Tel.: (915)565-6215, Fax: (915)565-1722, (915)751-4228, 1-800-726-8432; 312 N. Azusa Ave., Azusa, CA 91702, Tel.: 1-800-321-6633, Fax: (818)334-5842; 1360 N.W. 88th Ave., Miami, FL 33172, Tel.: (305)592-6136, Fax: (305)592-0087; 647 4th. Ave., Brooklyn, N.Y. Tel. (718)788-2484; **CBP MIAMI** 12020 N.W. 40th Street, Suite 103 B, Coral Springs, FL, 33065, Fax: (954)757-9944, Tel. (954)757-9800. **GUATEMALA:** Apartado 1135, Guatemala 01901, Tel: (502)2-220-0953. **HONDURAS:** Apartado 279, Tegucigalpa, Tel. (504)381-481, Fax: (504)379-909. **MEXICO: CBP MEXICO:** Vizcaínas Ote. 16, Col. Centro, 06080 México, D.F., Tel/Fax: (525)510-3674, (525)512-4103; Madero 62, Col. Centro, 06000 México, D.F., Tel/Fax: (525)512-9390; Independencia 36-B, Col. Centro, 06050 México, D.F., Tel.: (525)512-0206, Fax: 512-9475; Félix U. Gómez 302 Nte. Tel.: (528)342-2832, Monterrey, N. L. **NICARAGUA:** Reparto San Juan del Gimnasio Hércules, media cuadra al Lago, una cuadra abajo, 75 varas al Sur, casa #320, Managua, Tel.: (505)278-4927, Fax: (505)278-5786. **PANAMA:** Apartado E Balboa, Ancon, Tel.: (507)264-6469, (507) 264-4945, Fax: (507)228-4601. **PARAGUAY:** Casilla 1415, Asunción, Fax: (595)2-121-2952. **PERU:** Apartado 3177, Lima, Tel.: (511)424-7812, Fax: (511)440-9958. **PUERTO RICO:** Calle 13 S.O. #824, Capparra Terrace, Tel.: (809)783-7056, Fax: (809)781-7986; Calle San Alejandro 1825, Urb. San Ignacio, Río Piedras, Tel.: (809)764-6175. **REPUBLICA DOMINICANA:** Apartado 880, Santo Domingo, Tel.: (809)565-2282, (809)549-3305, Fax: (809)565-6944. **URUGUAY:** Casilla 14052, Montevideo 11700, Tel.: (598)2-309-4846, Fax: (598)2-305-0702. **VENEZUELA:** Apartado 3653, El Trigal 2002 A, Valencia, Edo. Carabobo, Tel/Fax: (584)126-1725, Celular (581)440-3077.

A Call to Joy, Discipler's Guide

Foto de la cubierta por Jorge Holmack

Primera edición, 1999

Clasificación: Decimal Dewey 254.1
Tema: Iglesia - Desarrollo
ISBN: 0-311-13865-9
EMH Art. Núm. 13865

3 M 3 99

Printed in USA

Este libro
está dedicado
a todos los que aman
la cosecha del Señor.

Contenido

RECONOCIMIENTOS

Para los colaboradores de Evangelismo Internacional, *Un Llamado al Gozo*, representa un hito en nuestras experiencias positivas en la tarea de seguimiento. Queremos agradecer a usted y a cada obrero que discipula, por darle vida a estos materiales al enseñarlos en espíritu de oración a creyentes nuevos o en desarrollo.

Vaya mi agradecimiento especial a Sam Cook, a Herbert Shipp y a los demás ex colaboradores por las contribuciones que originalmente hicieron a este proyecto. Además, quiero agradecer a Randy Craig por su pericia en lo que a conceptos y a editar se refiere, a Dan Nelson por sus dones creativos y artísticos y a Randy Ray por su fiel apoyo en el área de composición y artes gráficas. Realmente, todos ellos han hecho de esta tarea una obra de amor y dedicación a Cristo.

La capacidad literaria y las experiencias en la tarea de discipular de Robert Coleman, LeRoy Eims, Gary Kuhne y Gene Warr brindan invaluables percepciones e inspiración a este enfoque básico sobre seguimiento y discipulado que encontramos en el Nuevo Testamento.

¡Mi oración es que cada persona que use *Un Llamado al Gozo* sienta la gran satisfacción que se deriva de alimentar a los corderos y ovejas del Señor!

Suyo en ese gozo,

Billie Hanks

GUIA
DE
APRENDIZAJE

7 SESIONES

PRIMERA SESION

Guía de Aprendizaje

BIENVENIDO AL ESTUDIO DE
UN LLAMADO AL GOZO

Festejando su deseo de desarrollar su vida cristiana, usted no solamente está recibiendo este libro sino, más importante, ¡está recibiendo también a un amigo! Cada vez que nos reunamos disfrutaremos de nuestros momentos de diálogo, oración y estudio bíblico, lo cual nos dará oportunidad para conocernos mejor.

Por lo general, lleva de siete a diez semanas cubrir este material inspirador. Pidamos a Dios que éstas se cuenten entre las semanas más bendecidas y alegres de nuestra vida. Santiago 4:8 dice: *Acercaos a Dios, y él se acercará a vosotros.*

Este primer encuentro será distinto a los demás porque queremos estar seguros de que cada nuevo creyente o nuevo miembro de la iglesia comprenda claramente lo que significa conocer a Cristo como su Salvador personal. Confiamos que a través de estos estudios usted se sienta enriquecido espiritualmente, aun en el caso de ya conocer todo o parte del mensaje básico de Cristo.

COMO COMPRENDER EL EVANGELIO

A. La necesidad espiritual de la humanidad.

Como está escrito: No hay justo ni aun uno (Romanos 3:10).

El relato de la desobediencia del ser humano se encuentra en Génesis 2 y 3.

1. *Y Jehovah Dios mandó al hombre diciendo: "Puedes comer de todos los árboles del jardín; pero del árbol de conocimiento del bien y del mal no comerás, porque el día que comas de él ciertamente morirás* (Génesis 2:16, 17).

2. *Por esta razón, así como el pecado entró en el mundo por medio de un solo hombre y la muerte por medio del pecado, así también la muerte pasó a todos los hombres, por cuanto todos pecaron* (Romanos 5:12).

3. *Porque todos pecaron y no alcanzan la gloria de Dios* (Romanos 3:23).

B. Consecuencias de la desobediencia.

El hombre decidió desobedecer a Dios ¡y cada decisión acarrea sus consecuencias!

La Biblia explica dos tipos de muerte. Una es *física*, que enfocaremos en un momento, y la otra es *espiritual*, y a ella se refiere la Biblia en Romanos 6:23.

1. *Porque la paga del pecado es muerte; pero el don de Dios es vida eterna en Cristo Jesús, Señor nuestro* (Romanos 6:23).

2. *Está establecido que los hombres mueran una sola vez, y después el juicio* (Hebreos 9:27).

C. La provisión de Dios.

El pecado del ser humano demanda que sea juzgado. Pero el amor de Dios le ofrece perdón. Dios, al satisfacer él mismo la paga del pecado, fue fiel a sus atributos de ser justo y a la vez amante.

1. *Pero Dios demuestra su amor para con nosotros, en que siendo aún pecadores, Cristo murió por nosotros* (Romanos 5:8).

2. *Porque Cristo también padeció una vez para siempre por los pecados, el justo por los injustos, para llevarnos a Dios, siendo a la verdad muerto en la carne, pero vivificado en el espíritu* (1 Pedro 3:18).

3. *Porque por gracia sois salvos por medio de la fe; y esto no de vosotros, pues es don de Dios. No es por obras, para que nadie se gloríe* (Efesios 2:8, 9).

D. La respuesta del ser humano.

Cristo vino al mundo y reveló a Dios. Su muerte satisfizo la rectitud y justicia de Dios. Por Cristo Jesús, nuestros pecados pueden ser perdonados, podemos disfrutar de una buena relación con Dios y tener vida eterna. Pero Dios no nos obliga a creer ni aceptar su misericordia y gracia. ¡La decisión es nuestra!

1. *Después que Juan fue encarcelado, Jesús vino a Galilea predicando el evangelio de Dios, y diciendo: "El tiempo se ha cumplido, y el reino de Dios se ha acercado. ¡Arrepentíos y creed en el evangelio!"* (Marcos 1:14, 15).

2. *Pero a todos los que le recibieron, a los que creen en su nombre, les dio derecho de ser hechos hijos de Dios* (Juan 1:12).

3. Debo _____ en Cristo y _____.

Primero, tiene que creer que Jesús es quien afirma ser. Nació de una virgen, vivió una vida sin pecado, pagó la deuda por nuestros pecados y se levantó de entre los muertos. Dijo que había venido para buscar y salvar a los perdidos y para ser nuestro Salvador.

Luego, debe recibirlo como su Salvador personal.

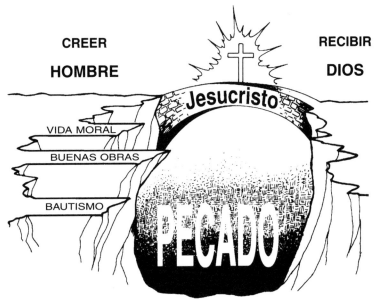

Oración para pedir salvación

"Señor Jesús, soy pecador.	**1. Confesión**
Pero me arrepiento de mis pecados.	**2. Contrición**
Quiero dejar de pecar. Estoy dispuesto	**3. Arrepentimiento**
a empezar una vida nueva con tu ayuda.	
Señor Jesús, te ruego que vengas a mi	**4. Invitación**
corazón y a mi vida en este mismo instante.	
Desde este momento, mi vida te	**5. Consagración**
pertenece a ti, únicamente.	
Te amaré, te serviré, hablaré de ti	**6. Dependencia**
a los demás, y confío en que vivirás	
tu vida a través de mí.	
Gracias, Señor, por darme salvación eterna	**7. Gratitud**
y por perdonarme hoy mis pecados."	

4. *El que tiene al Hijo tiene la vida; el que no tiene al Hijo de Dios no tiene la vida. Estas cosas os he escrito a vosotros que creéis en el nombre del Hijo de Dios, para que sepáis que tenéis vida eterna* (1 Juan 5:12, 13).

5. *Porque de tal manera amó Dios al mundo, que ha dado a su Hijo unigénito, para que todo aquel que en él cree no se pierda, mas tenga vida eterna* (Juan 3:16).

6. *En él tenemos redención por medio de su sangre, el perdón de nuestras transgresiones, según las riquezas de su gracia* (Efesios 1:7).

Aunque el hombre fue creado sin conocimiento de lo malo, cayó en la tentación que le presentó Satanás y escogió conocer tanto lo bueno como lo malo. La consecuencia de su decisión fue la muerte espiritual: la separación de Dios. La reacción de Dios fue juzgar a la humanidad por su desobediencia y brindarle salvación por medio de Cristo. ¡Al aceptar a Cristo como Salvador personal, uno recibe perdón de los pecados y pasa a ser un hijo de Dios para toda la eternidad!

USO DE LA SECCION "MIS APUNTES"
EN SU *DIARIO ESPIRITUAL*

La psicología afirma que después de 72 horas, por lo general recordamos:

> Sólo alrededor del ____ % de lo que oímos.
> Sólo alrededor del ____ % de lo que leemos.
> Alrededor del ____ % de lo que oímos y leemos.
> ¡Alrededor del ____ % de lo que oímos, leemos y hacemos!

(Este estudio fue realizado por la Fuerza Aérea de los EE.UU.)

LA IMPORTANCIA DE SER ACTIVO
EN UNA IGLESIA LOCAL

1. *Y perseveraban en la doctrina de los apóstoles, en la comunión, en el partimiento del pan y en las oraciones* (Hechos 2:42).

2. *No dejemos de congregarnos, como algunos tienen por costumbre; más bien, exhortémonos, y con mayor razón cuando veis que el día se acerca* (Hebreos 10:25).

3. *Y él mismo constituyó a unos apóstoles, y a otros pastores, a otros profetas, a otros evangelistas y maestros, a fin de capacitar a los santos para la obra del ministerio, para la edificación del cuerpo de Cristo* (Efesios 4:11, 12).

TAREAS DE ENTRE SEMANA PARA EL DESARROLLO ESPIRITUAL DEL DISCIPULO:

Discípulo: Note que su libro tiene muchos espacios en blanco. Estos espacios son para que usted los llene durante cada sesión con su maestro, *no* son tareas para realizar en casa.

A. Lea una meditación cada mañana durante esta semana, empezando en la página 89. Subraye los pensamientos principales al ir leyendo y prepárese para compartirlos en el próximo encuentro. Ore a Dios con la oración sugerida al final de la meditación. Quizá quiera expresar esta oración en voz alta.

B. Lea el Capítulo 1: "El amor de Dios", comenzando en la página 51. Subraye los pensamientos principales al ir leyendo y prepárese para compartirlos en el próximo encuentro.

C. Tome apuntes de un sermón escribiéndolos en su *Diario Espiritual*. Prepárese para compartir los conceptos principales en el próximo encuentro.

D. Empiece a leer el Evangelio según Juan al paso que le resulte cómodo. Si tiene preguntas al ir leyendo, escríbalas en la sección "Mis apuntes" de su *Diario Espiritual*. En el próximo encuentro pídale a su maestro que se las conteste.

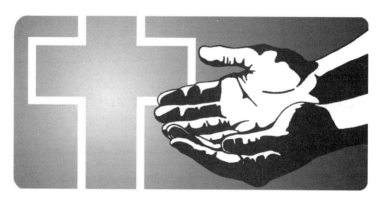

DIALOGUEN SOBRE LAS TAREAS DE ENTRE SEMANA

¿QUE DICE LA BIBLIA SOBRE LA SALVACION?

A. **1 Juan 5:11-13:** *Y éste es el testimonio: que Dios nos ha dado vida eterna, y esta vida está en su Hijo. El que tiene al Hijo tiene la vida; el que no tiene al Hijo de Dios no tiene la vida. Estas cosas os he escrito a vosotros que creéis en el nombre del Hijo de Dios, para que sepáis que tenéis vida eterna.*

¡Dios quiere que usted sepa con certeza que su salvación es eterna!

B. **Hay una diferencia entre tener una** _____ **y una** _____.

ILUSTRACION: _____

Cuando no estoy en comunión con Dios, puedo tener _____ falsas.

Tenemos que confiar en _____ y aceptar _____ promesa, en lugar de confiar en nuestros sentimientos como base de la seguridad en nuestra salvación.

ILUSTRACION: _____

¡Podemos _____ en el perdón de Dios y _____ en su salvación!

¿COMO PUEDO COMPARTIR MI DECISION CON MI FAMILIA Y MIS AMIGOS?

Sea _____ y _____.

Billy Graham ha dicho: "La verdadera prueba de cada cristiano es _____."

¿EN QUE CONSISTE TENER UN MOMENTO DEVOCIONAL DIARIO?

DEFINICION: El Momento Devocional es la porción de su día que usted aparta para tener _____. Por lo general incluye una lectura bíblica, oración y una decisión de poner en práctica algún concepto bíblico.

El Salmo 46:10a dice: *Estad quietos y reconoced que yo soy Dios.*

ILUSTRACION: _____

¡El peligro de todos los días es que estemos _____ _____ para recibir las bendiciones de Dios!

¿PARA QUE TENER UN MOMENTO DEVOCIONAL DIARIO?

A. Para ayudarle a lograr sus más dignos propósitos.

Fiel es Dios, por medio de quien fuisteis llamados a la comunión de su Hijo Jesucristo, nuestro Señor (1 Corintios 1:9).

Cada creyente tiene un gran llamamiento: ¡tener _____ _____con Cristo!

B. Para seguir el ejemplo del Señor.

Habiéndose levantado muy de madrugada, todavía de noche, Jesús salió y se fue a un lugar desierto y allí oraba (Marcos 1:35).

Sin embargo, su fama se extendía cada vez más, y se juntaban a él muchas multitudes para oírle y para ser sanadas de sus enfermedades. Pero él se apartaba a los lugares desiertos y oraba (Lucas 5:15, 16).

Para el Señor Jesús tener sus momentos devocionales era una absoluta _____.

C. Para obtener fuerza espiritual.

No me he apartado del mandamiento de sus labios; en mi seno he guardado los dichos de su boca (Job 23:12).

Jesús dijo: *No sólo de pan vivirá el hombre, sino de toda palabra que sale de la boca de Dios* (Mateo 4:4b).

La Biblia es nuestra fuente de _____ y _____ espiritual.

TAREAS DE ENTRE SEMANA PARA EL DESARROLLO ESPIRITUAL DEL DISCIPULO

A. Siga leyendo cada mañana la meditación para el Momento Devocional. Empiece a escribir una percepción bíblica y una oración para cada día. Prepárese para compartirlas en el próximo encuentro.

B. Lea el Capítulo 2: "Cómo aprender a caminar", empezando en la página 57. Subraye los pensamientos más importantes al ir leyendo y prepárese para compartirlos en el próximo encuentro.

C. Tome apuntes de un sermón escribiéndolos en su *Diario Espiritual*, y prepárese para compartir las ideas principales en el próximo encuentro.

D. Lea el tratado *Cómo Obtener Paz con Dios* y haga una pausa para darle gracias por su salvación personal.

E. Siga leyendo, a su propio paso, el Evangelio según Juan.

TERCERA SESION

Guía de Aprendizaje

DIALOGUEN SOBRE LAS TAREAS DE ENTRE SEMANA

¿CUALES SON LOS BENEFICIOS PRACTICOS DE TOMAR APUNTES?

La fe es por el oír, y el oír por la palabra de Cristo (Romanos 10:17).

A. Mi fe _____ cada vez que escucho la Palabra de Dios.

B. Tomamos apuntes debido a un problema básico humano: _____.

ILLUSTRACION:_____

Tomar apuntes le ayuda a:

1. _____ con más atención.

2. _____ lo que escucha.

3. _____ el mensaje a su propia vida.

4. _____ la verdad con los demás.

USTED PUEDE LLEGAR A TENER MOMENTOS DEVOCIONALES DIARIOS EFICACES

A. Al descubrir los beneficios prácticos para usted mismo.

1. Esta es una clave para cumplir _____ para su vida.

Nunca se aparte de tu boca este libro de la Ley; más bien, medita en él de día y de noche, para que guardes y cumplas todo lo que está escrito en él. Así tendrás éxito y todo te saldrá bien (Josué 1:8).

2. Es el medio que usa el Espíritu Santo para revelar _____, _____ y _____ en su vida que él quiere ayudarle a desarrollar o cambiar.

El rey David oró: Examíname, oh Dios, y conoce mi corazón; pruébame y conoce mis pensamientos. Ve si hay en mí camino de perversidad y guíame por el camino eterno (Salmo 139:23, 24).

3. Le prepara para ser usado para influir sobre la vida de _____.

Y viendo la valentía de Pedro y de Juan, y teniendo en cuenta que eran hombres sin letras e indoctos, se asombraban y reconocían que habían estado con Jesús (Hechos 4:13).

Jesús dijo: *Yo estoy con vosotros todos los días, hasta el fin del mundo* (Mateo 28:20b).

B. ¡Al encarar con fe sus Momentos Devocionales!

1. _____ Dios se reunirá con usted y le guiará por medio de _____.

Te haré entender y te enseñaré el camino en que debes andar (Salmo 32:8a).

Lámpara es a mis pies tu palabra, y lumbrera a mi camino (Salmo 119:105).

Me despierta cada mañana; cada mañana despierta mi oído para que yo escuche, como los que son adiestrados (Isaías 50:4b).

2. Decida ser _____ con Dios.

ILUSTRACION: _____

El apóstol Pablo dijo: *Ejercítate para la piedad* (1 Timoteo 4:7c).

No nos cansemos, pues, de hacer el bien; porque a su tiempo cosecharemos, si no desmayamos (Gálatas 6:9).

ILUSTRACION: _____

3. Siempre _____ las percepciones que Dios le da durante los momentos devocionales.

Sed hacedores de la palabra, y no solamente oidores, engañándoos a vosotros mismos (Santiago 1:22).

Tenga en cuenta que su corrección incluirá:

a. _____ que *iniciar* u otras que tiene que *dejar* de hacer.

b. _____ que necesita *desarrollar* o cambiar.

C. Al planear de antemano el éxito que quiere lograr.

1. Propóngase _____ bien por la noche, a fin de amanecer renovado.

Perezoso: ¿Hasta cuando has de estar acostado? ¿Cuándo te levantarás de tu sueño? (Proverbios 6:9)

2. ¡_____ su día con Cristo!

El salmista David dijo: *Oh Jehovah, de mañana oirás mi voz* (Salmo 5:3a).

3. Elija un _____ especial.

¿COMO SE MANTIENEN LA DISCIPLINA Y EL DESARROLLO ESPIRITUAL PROPIOS?

El que anda con los sabios se hará sabio (Proverbios 13:20a).

ILUSTRACION: _____

Recuerde que el crecimiento es _____, así que tenga paciencia y disfrute de cada nuevo día de comunión con Dios y con otros creyentes.

TAREAS DE ENTRE SEMANA PARA EL DESARROLLO ESPIRITUAL DEL DISCIPULO:

A. Siga teniendo su Momento Devocional cada mañana. Apunte cada día una percepción bíblica, una oración y una aplicación. Prepárese para compartirlas en el próximo encuentro.

B. Lea el Capítulo 3: "El ejemplo perfecto", empezando en la página 63. Subraye los pensamientos principales para conversar sobre ellos en el próximo encuentro.

C. Tome apuntes de un sermón escribiéndolos en su *Diario Espiritual*, y prepárese para compartir los conceptos principales en el próximo encuentro.

D. Siga leyendo, a su propio paso, el Evangelio según Juan.

CUARTA SESION

Guía de
Aprendizaje

4

DIALOGUEN SOBRE LAS TAREAS DE ENTRE SEMANA

**EL PRIVILEGIO DE COMPARTIR
LAS BUENAS NUEVAS DE DIOS**

Por tanto, id y haced discípulos a todas las naciones, bautizándoles en el nombre del Padre, del Hijo y del Espíritu Santo, y enseñándoles que guarden todas las cosas que os he mandado. Y he aquí, yo estoy con vosotros todos los días hasta el fin del mundo (Mateo 28:19, 20).

Pero recibiréis poder cuando el Espíritu Santo haya venido sobre vosotros, y me seréis testigos en Jerusalén, en toda Judea, en Samaria y hasta lo último de la tierra (Hechos 1:8).

Usar un folleto evangelístico:

A. Lo mantiene _____ en el tema.

B. Asegura que dispone de los _____.

C. Permite que la otra persona _____ el mensaje.

D. Brinda un apoyo _____ para subrayar el mensaje hablado.

El PRIVILEGIO DE PODER ORAR

A. La naturaleza de la oración.

La oración se ha descrito como "La conversación del hombre con Dios."

ILUSTRACION: _____

1. Por medio de la oración podemos conversar con Dios sobre _____, en _____ y en _____.

2. La oración incluye _____ con Dios y también _____ a Dios.

B. La vida de oración de nuestro Señor Jesucristo.

1. Oraba de _____.

Habiéndose levantado muy de madrugada, todavía de noche, Jesús salió y se fue a un lugar desierto y allí oraba (Marcos 1:35).

2. Oraba con _____.

Su fama se extendía cada vez más, y se juntaban a él muchas multitudes para oírle y para ser sanadas de sus enfermedades. Pero él se apartaba a los lugares desiertos y oraba (Lucas 5:15, 16).

3. Oraba intensamente _____ de tomar decisiones importantes.

Aconteció en aquellos días que Jesús salió al monte para orar, y pasó toda la noche en oración a Dios. Cuando se hizo de día, llamó a sus discípulos y de ellos escogió a doce, a quienes también llamó apóstoles (Lucas 6:12, 13).

C. Haga que la oración sea una prioridad constante en su vida.

1. La oración es una alternativa a la _____.

Por nada estéis afanosos; más bien, presentad vuestras peticiones delante de Dios en toda oración y ruego, con acción de gracias (Filipenses 4:6).

2. La oración nos da una manera de evitar la _____.

Velad y orad, para que no entréis en tentación. El Espíritu a la verdad, está dispuesto; pero la carne es débil (Mateo 26:41).

3. La oración nos da una manera de lograr _____.

La ferviente oración del justo, obrando eficazmente, puede mucho (Santiago 5:16b).

TAREAS DE ENTRE SEMANA PARA EL DESARROLLO ESPIRITUAL DEL DISCIPULO

A. Siga con sus Momentos Devocionales usando su *Guía del Discípulo* y su *Diario Espiritual*. Prepárese para compartir sus percepciones en el próximo encuentro.

B. En espíritu de oración, esta semana regale a alguien un ejemplar de *Cómo Obtener Paz con Dios*. Si se muestra receptivo para hablar, sencillamente ore en silencio para que el Señor le muestre qué decir y a fin de que la conversación se vaya desarrollando con toda naturalidad.

C. Lea el Capítulo 4: "El secreto de la vida piadosa", que comienza en la página 71. Subraye los conceptos más importantes y prepárese para comentarlos en el próximo encuentro.

D. Tome apuntes de un sermón escribiéndolos en su *Diario Espiritual*. Prepárese para hablar sobre los puntos más importantes en el próximo encuentro.

E. Siga leyendo, a su propio paso, el Evangelio según Juan.

DIALOGUEN SOBRE LAS TAREAS DE ENTRE SEMANA

**COMO DESARROLLAR UNA VIDA LLENA DE PAZ
POR MEDIO DE LA ORACION**

A. Mantenga una actitud correcta.

1. Cuando ora, sea honesto y transparente.

*Oh Señor, delante de ti están todos mis deseos, y mi gemido
no te es oculto* (Salmo 38:9).

David sabía que _____ en su vida era desconocido para
Dios.

2. Cuando ora, que sus oraciones sean sencillas.

¡Abba , Padre, todo es posible para ti! ¡Aparta de mí esta copa! Pero no lo que yo quiero, sino lo que tú quieres (Marcos 14:36).

Dios quiere que hablemos con él con la misma sinceridad que un niño expresa al dirigirse a su _____ cariñoso.

3. Cuando ora, que sus motivaciones sean puras.

Pedís, y no recibís porque pedís mal (Santiago 4:3a).

Todo camino del hombre es limpio en su propia opinión, pero Jehovah es el que examina los espíritus (Proverbios 16:2).

Nuestras oraciones son tan eficaces como correctas son nuestras _____.

B. Haga de la oración una parte natural de su vida.

1. Ore _____ del día.

***ORAD SIN CESAR* (1 TESALONICENSES 5:17).**

2. ¡Alguien ha dicho sabiamente que el creyente orará pidiendo _____ durante el día o pidiendo _____ en la noche!

3. Necesitamos _____ antes de_____, y orar tanto por las necesidades _____ como las _____.

Por nada estéis afanosos; más bien, presentad vuestras peticiones delante de Dios en toda oración y ruego, con acción de gracias. Y la paz de Dios, que sobrepasa todo entendimiento, guardará vuestros corazones y vuestras mentes en Cristo Jesús (Filipenses 4:6, 7).

ILUSTRACION: _____

4. Ore _____, con fe.

E hizo un voto diciendo:
—Oh, Jehovah de los Ejércitos, si te dignas mirar la aflic-
ción de tu sierva, te acuerdas de mí y no te olvidas de tu
sierva, sino que le das un hijo varón, entonces yo lo dedi-
caré a Jehovah por todos los días de su vida, y no pasará
navaja sobre su cabeza (1 Samuel 1:11).

Las oraciones que son generalizaciones _____
el poder _____ y _____ las
respuestas de Dios.

C. Aprenda las pautas bíblicas sobre la oración.

Si se humilla mi pueblo sobre el cual es invocado mi nombre,
si oran y buscan mi rostro y se vuelven de sus malos
caminos, entonces yo oiré desde los cielos, perdonaré sus
pecados y sanaré su tierra (2 Crónicas 7:14).

Si en mi corazón yo hubiese consentido la iniquidad, el
Señor no me habría escuchado (Salmo 66:18).

Hemos de anhelar y procurar un _____ limpio
como preparación para una vida de oración eficaz.

D. Aprecie las distintas dimensiones de la oración.

1. _____ — Alabando a Dios por quién
   es él.

2. _____ — Coincidiendo con Dios
   sobre nuestro pecado.

3. _____ — Agradeciendo a Dios por
   lo que ha hecho.

4. _____ — Orando por las necesidades de los demás.

5. _____ — Orando por sus propias necesidades personales.

TAREAS DE ENTRE SEMANA PARA EL DESARROLLO ESPIRITUAL DEL DISCIPULO

A. Siga con su Momentos Devocionales diarios usando su *Diario Espiritual*, la Biblia y la Guía de Lecturas Bíblicas para los Momentos Devocionales en la página 121. Prepárese para compartir sus pensamientos en el próximo encuentro.

B. Regale a alguien un ejemplar de *Cómo Obtener Paz con Dios* esta semana.

C. Lea el Capítulo 5: "Principios para vivir victoriosamente", empezando en la página 79. Subraye los pensamientos más importantes y prepárese para compartirlos en el próximo encuentro.

D. Tome apuntes de los sermones anotándolos en su *Diario Espiritual*. Prepárese para compartir los puntos más importantes en el próximo encuentro.

E. Prepare una lista de una persona o ministerio para cada día de la semana usando la Sección Intercesión en su *Diario Espiritual*, páginas 14-17.

F. Siga leyendo, a su propio paso, el Evangelio según Juan.

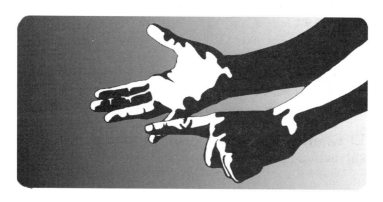

DIALOGUEN SOBRE LAS TAREAS DE ENTRE SEMANA

EL MINISTERIO DEL ESPIRITU SANTO

Con Cristo he sido juntamente crucificado; y ya no vivo yo, sino que Cristo vive en mí. Lo que ahora vivo en la carne, lo vivo por la fe en el Hijo de Dios, quien me amó y se entregó a sí mismo por mí (Gálatas 2:20).

Dios es una Trinidad formada por Dios el Padre, Dios el Hijo y Dios el Espíritu Santo. Es por medio del Espíritu Santo que Cristo vive en el creyente y le da el poder para servirle.

Porque Dios es el que produce en vosotros tanto el querer como el hacer, para cumplir su buena voluntad (Filipenses 2:13).

ILUSTRACION:_____

Si alguno no tiene el Espíritu de Cristo, no es de él (Romanos 8:9b).

A. El Espíritu Santo _____ todos los auténticos creyentes.

Y por cuanto sois hijos, Dios envió a nuestros corazones el Espíritu de su Hijo, que clama: "Abba, Padre" (Gálatas 4:6).

Guarda el buen depósito por medio del Espíritu Santo que habita en vosotros (2 Timoteo 1:14).

B. El Espíritu Santo interviene en todo el proceso de la salvación.

1. _____ de pecado al mundo.

Cuando él venga, convencerá al mundo de pecado, de justicia y de juicio (Juan 16:8).

2. _____ a Cristo.

Cuando venga el Consolador, el Espíritu de verdad que yo os enviaré de parte del Padre, el cual procede del Padre, él dará testimonio de mí (Juan 15:26).

El me glorificará, porque recibirá de lo mío y os lo hará saber (Juan 16:14).

3. Usa la _____ como una espada.

Tomad también el casco de la salvación y la espada del Espíritu, que es la palabra de Dios (Efesios 6:17).

4. _____ a las personas hacia la verdad.

El Espíritu y la esposa dicen: "¡Ven!" El que oye diga: "¡Ven!" El que tiene sed, venga. El que quiere, tome del agua de vida gratuitamente (Apocalipsis 22:17).

¡Duros de cerviz e incircuncisos de corazón y de oídos! Vosotros resistís siempre al Espíritu Santo. Como vuestros padres, así también vosotros (Hechos 7:51).

5. Nos _____ de la esclavitud del legalismo para que podamos disfrutar de la gracia de Dios.

Porque el Señor es el Espíritu; y donde está el Espíritu del Señor, allí hay libertad (2 Corintios 3:17).

Pero si sois guiados por el Espíritu, no estáis bajo la ley (Gálatas 5:18).

6. Nos _____ y nos capacita para nacer de nuevo y ser seguidores de Cristo.

Pero cuando se manifestó la bondad de Dios nuestro Salvador y su amor por los hombres, él nos salvó, no por las obras de justicia que nosotros hubiésemos hecho, sino según su misericordia; por medio del lavamiento de la regeneración y de la renovación del Espíritu Santo, que él derramó sobre nosotros abundantemente por medio de Jesucristo nuestro Salvador (Tito 3:4-6).

7. Comienza a _____ en nosotros en el momento que somos salvos.

Pedro les dijo:
—Arrepentíos y sea bautizado cada uno de vosotros en el nombre de Jesucristo para perdón de vuestros pecados, y recibiréis el don del Espíritu Santo (Hechos 2:38).

8. ¡ _____ nuestro futuro con Cristo en el cielo!

En él también vosotros, habiendo oído la palabra de verdad, el evangelio de vuestra salvación, y habiendo creído en él, fuisteis sellados con el Espíritu Santo que había sido prometido, quien es la garantía de nuestra herencia para la redención de lo adquirido, para la alabanza de su gloria (Efesios 1:13, 14).

9. Nos da la _____ de nuestra salvación.

El Espíritu mismo da testimonio juntamente con nuestro espíritu de que somos hijos de Dios (Romanos 8:16).

En esto sabemos que permanecemos en él y él en nosotros: en que nos ha dado de su Espíritu (1 Juan 4:13).

C. **¡El Espíritu Santo nos da poder para _____ con intrepidez!**

Pero recibiréis poder cuando el Espíritu Santo haya venido sobre vosotros, y me seréis testigos en Jerusalén, en toda Judea, en Samaria y hasta lo último de la tierra (Hechos 1:8).

D. **El Espíritu Santo es nuestro _____ que nos da su ayuda.**

Pero yo os digo la verdad: Os conviene que yo me vaya; porque si no me voy, el Consolador no vendrá a vosotros. Y si yo voy, os lo enviaré (Juan 16:7)

ILUSTRACION: _____

E. **El Espíritu Santo nos da poder para desarrollar un carácter piadoso.**

1. Nos transforma en la _____.

Todos nosotros, mirando a cara descubierta como en un espejo la gloria del Señor, somos transformados de gloria en gloria en la misma imagen, como por el Espíritu del Señor (2 Corintios 3:18).

2. Nos capacita para poder ser ejemplo de _____: cualidades y _____ piadosos.

Pero el fruto del Espíritu es: amor, gozo, paz, paciencia, benignidad, bondad, fe, mansedumbre y dominio propio. Contra tales cosas no hay ley (Gálatas 5:22, 23).

3. Nos da _____.

Doblo mis rodillas ante el Padre... a fin de que, conforme a las riquezas de su gloria, os conceda ser fortalecidos con poder por su Espíritu (Efesios 3:14, 16).

4. ¡Nos capacita para rebosar de _____!

Que el Dios de esperanza os llene de todo gozo y paz en el creer, para que abundéis en la esperanza por el poder de su Espíritu Santo (Romanos 15:13).

5. ¡Nos llena de _____!

Y los discípulos estaban llenos de gozo y del Espíritu Santo (Hechos 13:52).

F. El Espíritu Santo nos ayuda a _____.

Digo, pues: Andad en el Espíritu, y así jamás satisfaréis los malos deseos de la carne (Gálatas 5:16).

Los que viven conforme a la carne piensan en las cosas de la carne; pero los que viven conforme al Espíritu, en las cosas del Espíritu. Porque la intención de la carne es muerte, pero la intención del Espíritu es vida y paz (Romanos 8:5, 6).

G. El Espíritu Santo nos _____.

Pero el Consolador, el Espíritu Santo, que el Padre enviará en mi nombre, él os enseñará todas las cosas (Juan 14: 26a).

Y nosotros no hemos recibido el espíritu de este mundo, sino el Espíritu que procede de Dios, para que conozcamos las cosas que Dios nos ha dado gratuitamente (1 Corintios 2:12).

H. El Espíritu Santo nos _____ dónde y cómo hemos de testificar de Cristo.

El Espíritu Santo dijo a Felipe: "Acércate y júntate a ese carro." Y Felipe corriendo le alcanzó y oyó que leía al profeta Isaías. Entonces le dijo: "¿Acaso entiendes lo que lees?" y él le dijo: "¿Pues cómo podré yo, a menos que alguien me guíe?" Y rogó a Felipe que subiese y se sentase junto a él (Hechos 8:29-31).

Atravesaron la región de Frigia y de Galacia, porque les fue prohibido por el Espíritu Santo hablar la palabra en Asia. Cuando llegaron a la frontera de Misia, procuraban entrar en Bitinia, pero el Espíritu de Jesús no se los permitió (Hechos 16:6, 7).

El Espíritu me dijo que fuese con ellos sin dudar. Fueron también conmigo estos seis hermanos, y entramos en casa del hombre (Hechos 11:12).

I. El Espíritu Santo nos ayuda a recibir el _____ _____ en nuestro corazón.

Y la esperanza no acarrea vergüenza, porque el amor de Dios ha sido derramado en nuestros corazones por el Espíritu Santo que nos ha sido dado (Romanos 5:5).

J. El Espíritu Santo nos _____.

Elegidos conforme al previo conocimiento de Dios Padre por la santificación del Espíritu, para obedecer a Jesucristo y ser rociados con su sangre (1 Pedro 1:2).

K. El Espíritu Santo nos _____ y nos bautiza dentro de un solo cuerpo.

Porque por un solo Espíritu fuimos bautizados todos en un solo cuerpo, tanto judíos como griegos, tanto esclavos como libres; y a todos nos dio a beber de un solo Espíritu (1 Corintios 12:13).

L. El Espíritu Santo compasivamente _____ por nosotros cuando oramos.

Y asimismo, también el Espíritu nos ayuda en nuestras debilidades; porque cómo debiéramos orar, no lo sabemos; pero el Espíritu mismo intercede con gemidos indecibles. Y el que escudriña los corazones sabe cuál es el intento del Espíritu, porque él intercede por los santos conforme a la voluntad de Dios (Romanos 8:26, 27).

M. El Espíritu Santo nos capacita para poder _____ a los falsos maestros.

Entonces, Saulo, que también es Pablo, lleno del Espíritu Santo, fijó los ojos en él y dijo: "¡Oh tú, lleno de todo engaño y de toda malicia, hijo del diablo, enemigo de toda justicia! ¿No cesarás de pervertir los caminos rectos del Señor?" (Hechos 13:9, 10).

N. El Espíritu Santo está activamente involucrado en la _____ de los creyentes.

Y si el Espíritu de aquel que resucitó a Jesús de entre los muertos mora en vosotros, el que resucitó a Cristo de entre los muertos también dará vida a vuestros cuerpos mortales mediante su Espíritu que mora en vosotros (Romanos 8:11).

O. El Espíritu Santo capacita a los creyentes para que puedan llevar a cabo ciertos ministerios para provecho de todos.

Estos ministerios se llaman _____.
Están listados en Romanos 12, 1 Corintios 12 y Efesios 4.
Cada creyente tiene por lo menos uno de estos dones.

Pero a cada cual le es dada la manifestación del Espíritu para provecho mutuo (1 Corintios 12:7).

P. El Espíritu Santo nos _____.

Y no os embriaguéis con vino, pues en esto hay desenfreno. Más bien, sed llenos del Espíritu (Efesios 5:18).

La manera en que Dios nos capacita para vivir una vida cristiana victoriosa es llenarnos, a cada instante, del Espíritu Santo. Usted será llenado (dirigido y capacitado) por el Espíritu Santo al:

1. Vivir por fe.

Y sin fe es imposible agradar a Dios (Hebreos 11:6a).

2. Confesar todos los pecados conocidos y apartarse de ellos.

Si confesamos nuestros pecados, él es fiel y justo para perdonar nuestros pecados y limpiarnos de toda maldad (1 Juan 1:9).

3. Entregar conscientemente cada aspecto de su vida a Dios para que él lo controle.

Porque todos los que son guiados por el Espíritu de Dios, éstos son hijos de Dios (Romanos 8:14).

ILUSTRACION: _____

TAREAS DE ENTRE SEMANA PARA EL DESARROLLO ESPIRITUAL DEL DISCIPULO:

A. Siga teniendo sus Momentos Devocionales usando su *Diario Espiritual* y la Guía de Lecturas Bíblicas para los Momentos Devocionales. Prepárese para compartir las percepciones sobresalientes en el próximo encuentro.

B. Tome apuntes de sermones escribiéndolos en su *Diario Espiritual*. Prepárese para compartir las ideas sobresalientes en el próximo encuentro.

C. Siga leyendo, a su propio paso, el Evangelio según Juan.

SEPTIMA SESION

Guía de
Aprendizaje

DIALOGUEN SOBRE LAS TAREAS DE ENTRE SEMANA

FORMACION DE UN CARACTER CRISTIANO

Cuantos más pasajes bíblicos atesoramos en nuestros corazones, más fácil es que el Espíritu Santo nos *guíe* y *proteja.*

A. Poder recordar pasajes bíblicos nos ayuda a resistir la
_____ **y a vivir una** _____.

¿Con qué limpiará el joven su camino? Con guardar tu palabra (Salmo 119:9).

Si llenamos nuestra _____ con pensamientos pecaminosos, tarde o temprano influirán sobre nuestras
_____.

"Si se planta un *pensamiento*, se cosecha una *acción;* si se planta una acción, se cosecha un *hábito;* si se planta un hábito, se cosecha un *carácter;* y si se planta un carácter, se cosecha una *vida.*"

ILUSTRACION: _____

Sobre toda cosa guardada, guarda tu corazón; porque de él emana la vida (Proverbios 4:23).

ILUSTRACION: _____

B. Saber la verdad nos recuerda las _____ **del pecado.**

No os engañéis; Dios no puede ser burlado. Todo lo que el hombre siembra, eso mismo cosechará (Gálatas 6:7).

Más bien, vestíos del Señor Jesucristo, y no hagáis provisión para satisfacer los malos deseos de la carne (Romanos 13:14).

ILUSTRACION: _____

C. Poder recordar pasajes bíblicos canaliza sus pensamientos en una dirección _____.

Hermanos, todo lo que es verdadero, todo lo honorable, todo lo justo, todo lo puro, todo lo amable, todo lo que es de buen nombre, si hay virtud alguna, si hay algo que merece alabanza, en esto pensad (Filipenses 4:8).

D. Poder recordar pasajes bíblicos le ayuda ¡cuando _____ _____!

No sólo de pan vivirá el hombre, sino de toda palabra que sale de la boca de Dios (Mateo 4:4b).

E. Poder recordar pasajes bíblicos nos capacita para poder _____ **con los demás.**

Pedro dijo: *Estad siempre listos para responder a todo el que os pida razón de la esperanza que hay en vosotros* (1 Pedro 3:15b).

El autor de Hebreos dijo: *Porque la Palabra de Dios es viva y eficaz, y más penetrante que toda espada de dos filos* (Hebreos 4:12a). La Palabra de Dios convence de pecado y de la presencia de Cristo al inconverso.

F. Brinda dirección para saber tomar diariamente _____ **sabias.**

Lámpara es a mis pies tu palabra, y lumbrera a mi camino (Salmo 119:105).

Hemos de tomar nuestras decisiones a base de principios bíblicos.

¿COMO PUEDO HACER MIA LA PALABRA DE DIOS?

A. Incluya lo que dice la Biblia en sus _____.

B. Sepa el _____.

C. Use _____ **naturales.**

1. Aprenda una frase a la vez, añadiendo otras a medida que las va aprendiendo.

2. Medite en el significado de cada frase.

D. Diga la referencia bíblica antes y después de decir cada versículo.

Piense en la referencia bíblica como parte integral del versículo.

E. Repase para lograr más _____.

Una de las maneras más fáciles de repasar es _____ con sus amigos los versículos que va aprendiendo porque *el hierro con hierro se afila* (Proverbios 27:17b).

F. Medite para lograr _____ **con Dios.**

Llenar su mente y corazón con lo que la Biblia dice aumentará mucho la calidad de su comunión con Dios.

David dijo: En mi cama me acuerdo de ti, medito en ti en las vigilias de la noche (Salmo 63:6).

Bienaventurado el hombre que no anda según el consejo de los impíos... Más bien, en la ley de Jehovah está su delicia, y en ella medita de día y de noche (Salmo 1:1, 2).

¡EL DESAFIO DE VIVIR UNA VIDA PIADOSA!

Pablo dijo: Ejercítate para la piedad (1 Timoteo 4:7c).

Pero tú, oh hombre de Dios, huye de estas cosas y sigue la justicia, la piedad, la fe, el amor, la perseverancia, la mansedumbre (1 Timoteo 6:11).

Despojémonos de todo peso y del pecado que tan fácilmente nos enreda, y corramos con perseverancia la carrera que tenemos por delante, puestos los ojos en Jesús, el autor y consumador de la fe; quien por el gozo que tenía por delante sufrió la cruz, menospreciando el oprobio, y se ha sentado a la diestra del trono de Dios (Hebreos 12:1, 2).

¡UN LLAMADO A LA FIDELIDAD!

Si vosotros permanecéis en mi palabra, seréis verdaderamente mis discípulos (Juan 8:31).

- Siga disfrutando de sus Momentos Devocionales usando la Guía de Lecturas Bíblicas para los Momentos Devocionales.

- Memorice el Salmo 119:11 para su propio desarrollo espiritual.

- Siga testificando a los demás acerca de Cristo.

- Siga leyendo la Biblia a su propio paso.

- Disfrute de sus actividades en su *Diario Espiritual*, de la adoración y la oración.

¡Felicitaciones por completar el estudio de *Un Llamado al Gozo*! Deseamos sinceramente que siga el proceso de desarrollo espiritual a fin de seguir madurando en Cristo. Por eso ponemos a su disposición el segundo libro en esta serie de discipulado, *Un Llamado al Crecimiento*.

UN LLAMADO AL CRECIMIENTO

Este libro sumamente práctico incluye once sesiones de enseñanza-aprendizaje:

- Los *cinco* aspectos más básicos de la oración.

- Los "cómo" y los "porqué" del estudio bíblico independiente.

- Cómo compartir su fe con naturalidad usando *tres* diferentes métodos en su estilo de vida:

  1. **Una palabra de la Verdad.**
  2. **Un testimonio personal.**
  3. **"La ilustración del puente".**

- Principios para encarar las *tentaciones*.

- El gozo de *dar* al Señor con un corazón agradecido.

- Claves para lograr un *desarrollo espiritual* continuo.

Doy gracias... estando convencido de esto: que el que en vosotros comenzó la buena obra, la perfeccionará hasta el día de Cristo Jesús
(Filipenses 1:3a, 6).

LECTURAS DE
INSPIRACION

CAPITULO 1

EL AMOR
DE
DIOS

A todos los que le recibieron, a los que creen en su nombre, les dio derecho de ser hechos hijos de Dios (Juan 1:12).

Felicitaciones por haber expresado su deseo de que Jesucristo sea el Señor de su vida. ¡Esta es la decisión más beneficiosa e importante que haya hecho o que jamás hará!

Durante las próximas semanas, tendré el privilegio de ayudarle a aprender cómo ir desarrollando su relación personal con Dios. Para empezar, repasemos lo que usted hizo cuando aceptó a Cristo como su Salvador. Quizá hace poco que lo hizo, o quizá haya pasado ya un tiempo. Pero ahora su anhelo es lograr una mayor madurez espiritual.

Empecemos por observar lo que la Biblia enseña en Juan 1:12. Si después de leer este versículo todavía no se siente seguro de haber recibido a Cristo, vea la oración en la página 55. Expresar esta oración con fe y comprensión lo capacitará para aclarar esta cuestión en su corazón.

EL AMOR DE DIOS

Dios demuestra la profundidad de su amor por nosotros en el hecho de que desea que lleguemos a ser sus propios hijos. Todo ser humano fue creado por Dios, *y cada uno de nosotros recibe la misma invitación celestial de llegar a ser mucho más que meramente algo que él creó*. Dios quiere que seamos sus hijos, integrantes de su familia.

Para explicar esta invitación, la Biblia recalca dos palabras importantes que indican acción: *creer* y *recibir*. Supongamos que usted tiene en su mano un vaso de agua. Usted tiene calor, sed y está medio deshidratado. Usted cree que el agua es fresca y buena, pero no puede saciar su sed hasta beberla, hasta que su cuerpo, abrasado de sed, la reciba. *¡Creer sin recibir no basta!* Pero creer es un primer paso.

Dios determinó que nuestro cuerpo físico necesita agua, y creó el agua para que supla esa necesidad física. El principio que rige la vida espiritual es exactamente el mismo. Necesitamos conocer a Dios, y Dios envió a su Hijo Jesucristo al mundo para suplir esa necesidad espiritual. Cuando recibimos a Cristo en nuestro corazón, logramos conocer a nuestro Padre Celestial. Por medio de esta relación singular, nos brinda todo el amor, perdón y dirección que necesitaremos. Sacia nuestra sed de sentir su presencia. Su manantial nunca se seca. Otro paralelo entre la realidad física y la realidad espiritual es el que nos brinda la construcción de un edificio. Nunca se construye una superestructura sin primero colocar el fundamento. Esto se aplica universalmente. En 1 Corintios 3:11, Pablo dice: *nadie puede poner otro fundamento que el que está puesto, el cual es Jesucristo*. Usted debe creer en el poder del Señor los suficiente como para que obre un cambio en usted, lo reciba por fe y le permita establecer ese fundamento espiritual en su vida.

EL COMIENZO DE UNA VIDA NUEVA

Hace años, en Anchorage, Alaska, enseñé estos versículos en una conferencia sobre desarrollo espiritual. Una joven que había asistido a todas las sesiones parecía desconforme, apagada. No se reía cuando los demás reían, ni participaba en las actividades. Hacia el final de la semana, al estar enseñando yo sobre la salvación, empezó a llorar. Al ratito, pasó lentamente al frente. Le pregunté si entendía lo que yo había estado diciendo. Expresó que no había comprendido nada las primeras cuatro noches pero que, cuando expliqué lo de creer y recibir en Juan 1:12, vio su condición espiritual.

Le expliqué que en cuanto uno comprende su necesidad de ser perdonado, *hay dos pasos hacia la salvación.* El primero es *aceptarla intelectualmente.* El segundo es *la disposición de recibir a Cristo por fe.* Agregué: "El es un caballero y no entra forzadamente en su vida. Llama a la puerta y quiere entrar, pero uno tiene que extenderle la invitación a hacerlo." Ella hasta entonces nunca había comprendido esto.

Me contó que vivía en un departamento a tres cuadras de la iglesia, pero que nunca había asistido a los cultos. Había estado viviendo en adulterio por mucho tiempo. La semana anterior, el hombre le había dejado una nota diciendo sencillamente: "Me voy, nunca volverás a verme." Ahora, con sus 23 años, tenía un bebé pero no un matrimonio, un pasado pero no un futuro, un presente pero nada de felicidad. Había leído la nota y se había tirado en la cama. Oró: "Oh, Dios, hace años que no hablo contigo, pero si estás aquí, si realmente existes, por favor contéstame. He arruinado terriblemente mi vida y necesito tu ayuda. Necesito que me perdones. Quiero que mi vida sea diferente."

Esa joven no había concurrido a la iglesia más de tres veces en toda su vida. No tenía ninguna relación con Dios, pero ahora lo estaba buscando sinceramente. En la quietud de su corazón, Dios le indicó que saliera de su departamento y entrara al primer edificio de una iglesia que viera. Por la providencia de Dios, allí era donde yo estaba dirigiendo una conferencia sobre desarrollo espiritual.

Cuando entró, vio libros y una mesa donde inscribirse. Pagó la cuota de la conferencia, pensando que eso era lo que costaba ir a la iglesia. Debido a que diez iglesias participaban en la reunión, todos pensaban que ella era miembro de otra congregación y nadie sospechaba cuál era su necesidad espiritual. Pero ella siguió viniendo, sentándose sola todas las noches.

Una noche expliqué el plan de salvación de principio a fin, recalcando cómo fuimos creados por Dios pero que el pecado nos había separado de él. Expliqué las maravillosas nuevas: que por medio de creer en Cristo y de recibirlo, uno podía llegar a ser hijo de Dios. El Espíritu Santo le abrió los ojos y, por primera vez en su vida, vio la importancia de recibir a Cristo.

Su nueva vida empezó con una oración como ésta: *Señor, creo en ti y quiero que seas mi Salvador. Te ruego que vengas a mi corazón y te hagas cargo de mi vida. He pecado y necesito tu amor y tu perdón.* Su inmenso gozo fue evidente cuando dio gracias porque su oración había sido contestada. Por medio del

Señor Jesucristo, había nacido en el reino de Dios y había pasado a ser una de sus propias hijas.

En la actualidad, son muchos los que no entienden que *creer intelectualmente en Dios no basta.* Se sorprenden al enterarse de que la Biblia dice que aun los demonios creen en Dios, pero que eso no los lleva al cielo. Para ser salvo uno tiene que entregarse personalmente a él. Por eso es importante la acción de recibir a Cristo.

COMO VIVIR SEGURO

Después de colocar el fundamento espiritual de creer y recibir, ¿qué? En 1 Juan 5:13, la Biblia dice: *Estas cosas os he escrito a vosotros que creéis en el nombre del Hijo de Dios, para que sepáis que tenéis vida eterna.* La palabra *sepáis* es la que se destaca en este versículo. Porque somos sus hijos, Dios quiere que tengamos la seguridad de su amor, fidelidad y capacidad suprema y de que estará con nosotros en esta vida y en la venidera. Porque nos ama, optó por que sepamos más bien que adivinemos o meramente supongamos que somos salvos. Dios no tiene la intención de que esperemos toda la vida para enterarnos si vamos o no al cielo. Primera de Juan fue escrita para que los hijos de Dios puedan tener la seguridad de que sí irán.

En Romanos 8:16, el apóstol Pablo dice: *El Espíritu mismo da testimonio juntamente con nuestro espíritu de que somos hijos de Dios.* Es Dios mismo quien nos recuerda que somos sus hijos. Con el correr del tiempo, nuestra seguridad y nuestra comprensión de esa realidad aumenta. Aunque es bueno recordar exactamente la hora o el día cuando uno aceptó a Jesucristo, no es imprescindible. Pero sí lo es saber que hubo ese momento. La esposa de Billy Graham, Ruth, criada en el campo misionero en China, aceptó a Cristo siendo pequeña. En cierta ocasión cuando le preguntaron sobre su conversión contestó: "No estoy segura cuándo salió el sol, ¡pero estoy segura de que está brillando!" Esta seguridad es el patrimonio de toda persona que recibe a Cristo.

Recuerdo bien mi propia conversión. Tenía apenas diez años y me encontraba solo en mi habitación. Aunque recuerdo vívidamente que hice mi decisión, no recuerdo la fecha. Nunca olvidaré el gozo que llenó mi corazón cuando desperté a mis padres y les dije: "Mamá, papá, he aceptado a Cristo como mi Salvador." ¡Sabía lo que había pasado! Aunque había orado sólo la palabra "Sí", Dios sabía todo lo que ésta expresaba. En los últimos años, he pensado con frecuencia en la sencilla oración del ladrón arrepentido en la cruz quien oró: *Jesús, acuérdate de mí cuando vengas a tu reino* (Lucas 23:42). No fue una petición con muchas palabras, pero fue suficiente para cambiar su destino eterno, porque Dios sabía que era de corazón. Dios conoce nuestros corazones. Lo que expresa nuestro corazón es más importante para él que las palabras que usamos. La oración sincera del niño aun más pequeño es tan agradable y aceptable para Dios como la petición del adulto más maduro. Si tiene usted la paz interior que resulta de la seguridad de que ya ha invitado sinceramente a Cristo a ser su Salvador, leer las páginas que siguen profundizará significativamente la calidad de su relación con él.

Pero si su vida todavía no tiene un fundamento espiritual, y le falta la seguridad de haber recibido a Cristo, *no tiene nada que temer*. Dios ha prometido cumplir los anhelos de su corazón (Salmo 37:4, 5). Aunque haya creído en Cristo con su mente, ahora usted entiende que tiene que recibirlo personalmente como su Salvador. El está preparado para darle esto que usted le pide.

Millones a través de los siglos han elevado oraciones de sincero arrepentimiento basadas en la famosa parábola del hijo pródigo que relató Jesús (Lucas 15:11-32). Aquí va una oración que incluye lo que el Señor enseñó en esa parábola. Se llama "Una oración para pedir salvación". Si usted todavía necesita sentirse seguro de su propia relación con Cristo, exprese esta oración con fe.

Las palabras de la oración no son en sí mágicas, porque *recibir a Cristo es un acto de la voluntad. Su oración simplemente refleja la decisión interior que está tomando.* ¿Ha confiado completamente en Cristo para ser perdonado y para ser guiado por él? Si no lo ha hecho, este instante y su entrega sincera determinará cómo y dónde pasará la eternidad.

Si usted ha estado *suponiendo* que es salvo, pero quiere *estar seguro* de serlo, Dios quiere que tenga esa *seguridad*. ¿Por qué no hace una pausa en este mismo momento y habla silenciosamente con él? Reflexione sobre cada pensamiento en esta oración y exprésele a Dios a su manera.

UNA ORACION PARA PEDIR SALVACION

"Señor Jesús, soy pecador. Pero me arrepiento de mis pecados. Quiero dejar de pecar. Estoy dispuesto a empezar una vida nueva con tu ayuda. Señor Jesús, te ruego que vengas a mi corazón y a mi vida en este mismo instante. Desde este momento en adelante mi vida te pertenece a ti únicamente. Te amaré, te serviré, hablaré de ti a los demás, y confío en que vivirás tu vida a través de mí. Gracias, Señor, por darme salvación eterna y por perdonarme hoy mis pecados."

¿Qué acaba de hacer? ¡Acaba de recibir al Señor Jesucristo como su Salvador personal! Por esto, hay gran regocijo en el cielo. Quizá esté pensando: "¡Qué maravilla! Pero ahora, ¿qué hago?" Para su salvación, usted ha dado el paso imprescindible de recibir a Cristo por fe. Ahora le toca aprender cómo andar con él.

CAPITULO 2

COMO APRENDER A CAMINAR

Por tanto, de la manera que habéis recibido a Cristo Jesús el Señor, así andad en él (Colosenses 2:6).

Aprender a andar en Cristo, a caminar con él es su próximo paso en su desarrollo cristiano. En este paso, descubrirá el gozo de contar a los demás su decisión de seguir a Cristo. El Señor dijo: *A todo el que me confiese delante de los hombres, yo también le confesaré delante de mi Padre que está en los cielos* (Mateo 10:32). ¿Qué significa eso? Sencillamente esto: Cuando uno ama a alguien, resulta natural hablar de esa persona. Uno quiere que los demás sepan de la gran amistad que comparten. *El Señor no quiere discípulos secretos y, por amarle, querrá usted ser bautizado, unirse a una iglesia y empezar a testificar donde trabaja o estudia. Hará todo esto como algo natural a medida que se va desarrollando en su andar con Cristo.*

Antes de aprender cómo caminar, uno tiene que aprender a gatear. Caminar y madurar son parte de este proceso. No sucede que, de pronto, en un momento dado uno madura. Sucede lo mismo en nuestro peregrinaje espiritual: primero uno nace (recibe a Cristo). Después gatea, camina y, por último, corre. Esto involucra años maravillosos de ir desarrollando una comunión con Dios. El apóstol Pablo se refiere a la madurez cristiana como correr una carrera hasta el final (1 Corintios 9:24; 2 Timoteo 4:7).

Caminar requiere energía, y así como el alimento nos hace más fuertes físicamente, necesitamos alimentarnos espiritualmente. En 1 Pedro 2:2, el apóstol dice: *Desead como niños recién nacidos la leche espiritual no adulterada, para que por ella crezcáis...* Al nacer, lo primero que uno necesita es alimento. El infante necesita leche. Uno no tiene que enseñarle a que la quiera; quererla es algo natural. Hay entusiasmo y una hermosa satisfacción cuando esa necesidad es suplida. *En la vida espiritual, el anhelo por conocer la Palabra de Dios corresponde al apetito natural del infante. Por esta razón, con frecuencia se escucha decir que la Palabra de Dios es alimento espiritual.*

¿Cómo se alimentará usted al ir aprendiendo a andar con Cristo? Dios nos ha dado cinco sentidos. Uno de ellos es la habilidad de oír. La Biblia dice: *La fe es por el oír, y el oír por la palabra de Cristo* (Romanos 10:17). Cada vez que concurre usted a un estudio bíblico o un culto, tiene la oportunidad de oír la Palabra de Dios. Cada vez que escucha, recibe nuevas verdades espirituales. Esta es la forma como Dios aumenta nuestra fe. Jesús dijo: *No sólo de pan vivirá el hombre, sino de toda palabra que sale de la boca de Dios* (Mateo 4:4). *La Biblia misma es nuestra fuente de alimento espiritual.*

Escuchar nos brinda una de las mejores maneras de crecer espiritualmente; pero existe un obstáculo inesperado que todos tenemos que superar. *La ciencia ha comprobado que olvidamos después de 72 horas aproximadamente el 90 al 95 por ciento de lo que oímos. Si escuchara usted a su predicador favorito o aun escuchara al apóstol Pablo, todavía en tres días olvidaría el 90 por ciento de lo que dijeron. Lo cierto es que la mayoría no puede recordar mucho del sermón del domingo pasado. Y no se debe a la falta de dedicación. ¡Nuestro problema es que no retenemos lo escuchado!* A menos que lo que oigamos supla una necesidad muy específica en nuestra vida, sencillamente no lo recordamos.

Por lo antes dicho, tomar apuntes es importante. Compensa nuestra tendencia humana propensa al olvido; es un aliento para los que predican y enseñan la Biblia, y nos ayuda a meditar sobre lo que escuchamos de manera que podemos aplicar la Palabra de Dios a nuestra vida.

Descubrí el valor de tomar apuntes después de varios años frustrantes. De jovencito, nueve veces dediqué públicamente mi vida al Señor. Me parece que los hermanos en nuestra iglesia han de haber pensado que yo tenía muchos problemas. En realidad, lo que quería manifestar es que anhelaba profundizar mi compromiso con Cristo. No se trataba de que me hubiera vuelto menos dedicado. Era que sencillamente no sabía cómo retener las bendiciones que iba recibiendo. Quizá haya tenido usted una experiencia similar. Desafortunadamente, no había ninguna frase en la tarjeta de compromiso que expresara: "Quiero ser una persona a quien Dios pueda usar, y necesito que alguien me lo enseñe."

Aprender a escuchar es fundamental para lograr su desarrollo espiritual, y tomar apuntes le ayudará en este sentido. La mayoría de los maestros tienen la tendencia de hablar más pausadamente, aclarar mejor sus puntos y aun repetirlos cuando ven que alguien está tomando apuntes.

DONDE TOMAR APUNTES DE SERMONES

Es apropiado tomar apuntes sobre la Palabra de Dios en cada oportunidad que se presente. No obstante, aun esta pequeña disciplina requiere algo de planificación. Tomar apuntes en papelitos sueltos, espacios en blanco en el boletín de la iglesia y en los sobres para la ofrenda no darán como resultado el tipo de desarrollo que anhela. Por esta razón, ponemos a su disposición el *Diario Espiritual* con su útil sección para tomar apuntes.

Utilizar este *Diario* le evitará una experiencia como la de un ranchero texano, buen amigo mío, que asistía a una conferencia bíblica en Houston. Un excelente exponente británico de la Biblia, nos exhortaba usando las Escrituras. Cuando caminaba con mi amigo al salir, le pregunté: "¿De qué manera le está hablando Dios a través de esta conferencia?" Mi amigo, de más de setenta años de edad, con su sombrero tejano, sus botas y traje de vaquero, me respondió: "Hijo, mi copa está llena y rebosando." Fue su manera de expresar cuán bendecido se sentía. Unas seis semanas después me lo encontré en otra ciudad. Cuando le pregunté: "¿Cómo anda su copa?" me respondió pensativamente: "¡Está agujereada!"

Es posible que usted haya tenido una experiencia parecida. Fue a una conferencia, a un culto de su iglesia, a una campaña evangelística y se sintió muy bendecido. Pero a las pocas semanas se volvió a sentir vacío. Recuerde, su problema no es necesariamente por falta de dedicación, sino sencillamente por falta de retención.

¿POR QUE TOMAR APUNTES DE SERMONES?

Algunos creyentes repiten muchas veces su primer año de vida cristiana. En lugar de crecer, parecen estar en una rutina, aprendiendo y olvidando las mismas lecciones año tras año. El objetivo del desarrollo espiri-tual no es repetir nueve veces el primer año de vida cristiana, ¡sino vivir nueve años progresivos de la vida cristiana!

Según un sondeo entre pastores, el pastor promedio dedica veinte horas por semana a la preparación de sus sermones. Ha de ser desalentador para él caer en la cuenta de que domingo tras domingo, el creyente promedio retiene apenas tres minutos de su sermón de treinta minutos. Si quiere alentar a su pastor, hágale saber que usted lo escucha en serio. Al saludarlo después del culto, en lugar de decir: "Todo estuvo muy lindo", mencione específicamente un versículo, una nueva verdad que captó, o una ilustración que le fue de ayuda. Cuéntele cómo Dios utilizó su sermón a fin de impactarlo para bien. Así, él sabrá que usted escuchó lo que el Espíritu Santo expresaba por medio del mensaje.

La aplicación en la práctica es la mejor amiga de la retención. Cuando sus acciones y actitudes han sido afectadas para bien, aumentará también lo que recuerde. La ciencia ha demostrado que uno puede recordar hasta el 90 por ciento de lo que escucha y lee solamente si lo aplica en la práctica. Por lo tanto, su objetivo espiritual ha de enfocarse en Santiago 1:22 que dice: *Sed hacedores de la palabra, y no solamente oidores, engañándoos a vosotros mismos.* Para usted, el primer paso práctico hacia la victoria es sencillamente hacerse la costumbre de tomar buenos apuntes.

El objetivo de tomar apuntes no es de bosquejar el sermón o la lección de estudio bíblico. Lo que importa es escribir lo que el Espíritu Santo le está enseñando personalmente al escuchar la Palabra de Dios. Escriba cosas que le lleven a un cambio significativo en su vida, ideas que puede realmente poner en práctica. La vida misma constituye la prueba de que uno escuchó bien y supo aplicar bien lo que captó. Cuando se retira del templo o del estudio bíblico, debe hacerlo mejor preparado para vivir positiva y eficazmente.

REVERENCIA POR LAS ESCRITURAS

El desarrollo espiritual ocurre cuando meditamos en lo que Dios dice y luego lo aplicamos a nuestro diario vivir. Por ello, tenemos que cultivar una actitud como la del pueblo de Dios en la época de Esdras. ¡Ansiaban recibir una Palabra de parte de Dios! Nehemías 8:2-6 dice: *Esdras trajo la Ley ante la congregación*

de hombres y mujeres, y de todo el que era apto para entender lo que oía. Y leyó el libro desde el alba hasta el medio día... Y los oídos de todo el pueblo estaban atentos... Esdras abrió el libro [de la Ley]... Y cuando lo abrió, todo el pueblo se puso de pie. Entonces Esdras bendijo a Jehovah, el gran Dios; y todo el pueblo, alzando las manos, respondió:
—¡Amén! ¡Amén!

¿Por qué se pusieron de pie? ¿No hubieran estado más cómodos sentados? Sí. Pero se pusieron de pie en señal de respeto por la Palabra de Dios. ¿Se imagina una congregación así? ¿Puede creer que eligieron permanecer de pie todo ese tiempo?

En la actualidad, es difícil conseguir que la gente asista para escuchar, aun contando con todas las comodidades. Pero para la congregación de Esdras, las incomodidades no tenían importancia.

El hecho de que todo el pueblo se pusiera de pie cuando Esdras se dispuso a leer la Palabra de Dios cobró un significado especial para mí hace unos años cuando, estando en una reunión en Africa, la congregación se ponía de pie cada vez que se leía la Biblia. El respeto demostrado por esa congregación hacia las Escrituras me convenció de que somos demasiados los que no valoramos la Palabra de Dios como algo sagrado.

En los últimos años, algunos países han tenido la bendición de contar con muchas traducciones actualizadas de la Biblia que incluyen una amplia variedad de referencias, concordancias y otros datos útiles. *Al contar con todas estas bendiciones modernas, debe usted tener cuidado de valorar debidamente su Biblia. El privilegio de leer sus páginas sagradas está todavía fuera del alcance de un alto porcentaje de la población mundial.* Sólo a la luz de su verdad abrumadora podemos empezar a apreciar lo que significa tenerla a nuestra disposición.

La escasez de Biblias en muchas países me impactó por primera vez hace unos años al estar capacitando a consejeros para una campaña evangelística en un país de Africa Occidental. Aunque ha habido una presencia cristiana en el área durante décadas, la población era mayormente animista (los que se aferran a las antiguas creencias paganas de múltiples dioses y espíritus, por lo general manifestándose en elementos de la naturaleza). Desconociendo muchos de los problemas particulares de dicho país, escribí de antemano para organizar la cruzada como siempre lo hacía. El estudio bíblico que por norma requeríamos, obligó a los que se capacitaban como consejeros a caminar muchos kilómetros, a veces descalzos, para reunirse con un hermano que poseyera ese tesoro: una Biblia. Después de unos meses, al arribar para predicar, me conmovió profundamente comprobar lo insensible que habíamos sido por haber dado por sentado que cada creyente poseía una Biblia.

En la época de Esdras, el problema era aún peor. El pueblo tenía que reunirse para oír y escuchar la Palabra de Dios leída de los rollos escritos a mano que habían sido meticulosamente copiados.

LLEVE SU BIBLIA

Poseer una Biblia es un privilegio, y llevarla consigo es, en sí, un testimonio. Spurgeon, el famoso predicador británico, solía decir: "¡Lleve su Biblia a todas partes porque predicará mil sermones por día!" Cuán cierta es esta afirmación. Cuando alguien vea su Biblia, pensará automáticamente en su mensaje, y el Espíritu Santo le dará convicción, consuelo o esperanza.

Aprendí esa valiosa lección siendo aún estudiante. Un día, en clase, se me cayó la Biblia de encima de la pila de libros, yendo a dar al suelo. La profesora, agnóstica, interrumpió la clase diciendo: "Billie, se te cayó la Biblia al suelo." Aunque ella nunca había aceptado a Cristo como su Salvador, su profundo respeto por lo que representaba, la movió a honrar espontáneamente la Palabra de verdad. Este sencillo episodio me brindó la oportunidad de conversar con ella privadamente. Le expliqué que si la Biblia ya significaba algo para ella, su mensaje inspirado la afectaría aún más cuando llegara a conocer a su Autor. Aunque era mucho mayor que yo y era también mi profesora, fue evidente, por su mirada, que recibió mi sugerencia con sincero aprecio.

UNA ACTITUD PIADOSA

Su gozo al leer la Biblia y oír la exposición y enseñanza de su mensaje aumentará si aprende un importante secreto.

Tengo una amigo que fue invitado a predicar en una iglesia famosa por sus cultos largos. Después de una hora de canto congregacional y testimonios, hubo un hermoso solo de piano. Una señora, en uno de los bancos traseros, se puso de pie y dijo: "Sí, Señor, sí." Pasaron unos minutos, y otra persona se puso de pie y dijo lo mismo. Al ratito, la mayoría de la congre-

gación se había puesto de pie y dicho: "Sí, Señor, sí."
Mi amigo estaba perplejo porque no había oído ninguna pregunta. Finalment,e el pastor de la iglesia dirigió su vista al cielo y dijo: "Señor, te hemos dado nuestra respuesta por adelantado. Ahora, háblanos por medio de tu mensajero y dinos lo que tú quieres que hagamos." El secreto del gozo y la adoración es escuchar con un corazón preparado. *Lo que Dios busca en la actitud de cada creyente es una fe expresada en su voluntad predispuesta, de antemano, a obedecer.*

¿Ha asistido alguna vez a un culto donde lo menos que deseaba hacer era adorar al Señor? Tenemos que cuidar nuestra actitud mental y adorar con un espíritu lleno de esperanza. Esto exige planificar de antemano porque, invariablemente, todo el mundo parece reclamar nuestra atención justo antes del culto. Qué impacto hará en su vida el hecho de llegar al culto diciendo: "Sí, Señor, sí." Cuando tal es la actitud de su corazón, ¡Dios empezará a utilizarlo de maravillosas maneras!

Somos demasiados los que escuchamos la Palabra de Dios como si estuviéramos escogiendo platos de un variado menú. Queremos seleccionar de la Biblia un poquito de esto y de aquello, y no nos acercamos con una voluntad predispuesta a recibir lo que sea que Dios diga que necesitamos y luego aplicarlo a nuestra vida. Sucede con demasiada frecuencia que nuestra actitud es más bien: "Señor, quiero oír lo que tienes que decirme, siempre y cuando coincida con lo que yo ya pienso hacer." Como resultado, le pedimos que bendiga lo que queremos que sea bendecido. Tratamos de ignorar lo que no queremos oír. Adorar con madurez es ponernos bajo la autoridad de Jesucristo diciendo: "Sí, Señor, sí. Estoy a tu disposición, estoy dispuesto, estoy ansioso por hacer lo que quieres que haga."

Habiendo creído en Cristo y habiéndolo aceptado como su Salvador, dará evidencias de su amor por él escuchando su Palabra y obedeciendo su voluntad. *Porque vino para darle a usted una vida abundante, siempre lo guiará hacia las más elevadas realizaciones.* Contamos con la promesa infalible: *Te haré entender y te enseñaré el camino en que debes andar. Sobre ti fijaré mis ojos* (Salmo 32:8).

Al usar la sección de tomar apuntes de su *Diario Espiritual,* ¿se compromete usted con el Señor a fin de profundizar su fe por medio de tomar apuntes sobre lo que oye de la Biblia?

_____ Sí _____ No

La fe es por el oír, y el oír por la palabra de Cristo (Romanos 10:17).

CAPITULO 3

EL EJEMPLO PERFECTO

Habiéndose levantado muy de madrugada, todavía de noche, Jesús salió y se fue a un lugar desierto y allí oraba (Marcos 1:35).

La vida perfecta del Señor es un ejemplo para que lo siga toda la humanidad. El mundo tiene muchos maestros, pero sólo un Cristo: sus acciones eran tan inspiradas como las palabras que decía.

EL EJEMPLO DE JESUS

Comenzaba su día con el Padre, no sólo porque quería sino porque, siendo también humano, necesitaba hacerlo. Cada vez que se apartaba para dedicarse a la oración y comunión personal con el Padre, satisfacía sus necesidades humanas. Además, estaba mostrando a sus discípulos cómo vivir victoriosamente. Aquella mañana en particular se levantó temprano (Marcos 1:35) y eligió estar totalmente solo. El día anterior había predicado en Capernaúm, liberado a un hombre poseído por los demonios, curado a la suegra de Pedro y predicado nuevamente a una gran multitud donde gran cantidad de enfermos espirituales, físicos y emocionales habían sido sanados (Marcos 1:21-34). Decir que había tenido un horario ocupado es decir poco.

Todos querían estar con él: los enfermos y trastornados, sus nuevos seguidores, sus discípulos en etapa de capacitación y los curiosos. Todos lo presionaban. Para poder pasar un momento a solas con el Padre, Jesús literalmente tuvo que levantarse cuando todavía reinaba la oscuridad y escaparse mientras los demás dormían.

Esta práctica devocional era imprescindible durante la vida terrenal del Señor porque vivía dependiendo de la fuerza espiritual que le daba su Padre. Les recordaba cuidadosamente a sus discípulos que ninguna obra que hacía era de sí mismo, y que ninguna palabra que decía era la suya propia. Le daba al Padre el mérito de todo lo que lograba en su ministerio (Juan 14:10). Vivía literalmente cada momento dependiendo de su Padre. Resulta irónico que nuestro Salvador, que habló sólo de dependencia, era considerado por los líderes judíos de su época como el hombre más independiente que jamás habían conocido (Marcos 1:27).

A veces, en sus momentos de oración a solas, el Señor era interrumpido. Tal fue el caso esa mañana en particular: *Simón y sus compañeros fueron en busca de él. Le encontraron y le dijeron: —Todos te buscan* (Marcos 1:36, 37). Podemos aprender varias importantes lecciones de esta experiencia, pero primero concentrémonos en la persona de Cristo. ¿Qué pasó, en realidad, cuando fue interrumpido? Visualice al Señor conversando con su Padre. Considere el hecho de que estaba inconmensurablemente lleno del Espíritu Santo (Juan 3:34). Deje que el significado exaltado de este versículo sature su mente: *Porque en él [Cristo] habita corporalmente toda la plenitud de la Deidad* (Colosenses 2:9). Todo lo que Dios es, se hallaba presente en la vida de Cristo. Dado que la oración es una conversación, se podría decir, sin temor a equivocarse, que Pedro y los demás apóstoles, sin saberlo, interrumpieron un momento santo de comunión entre Dios el Padre, Dios el Hijo y Dios el Espíritu Santo. Sin lugar a duda, se trataba de un momento sumamente sagrado.

Cuando el Señor fue interrumpido en su momento de oración, mostró lo que debe ser nuestra reacción. No reprendió a los que se entremetieron en su momento con su Padre. No dejó que la interrupción afectara su espíritu ni que arruinara su jornada.

Su manera de vivir siguió siendo consecuente pero flexible, sin importarle las circunstancias externas. Pero, ¿qué tiene que ver esto con nosotros en la actualidad?

DEVOCIONES PRACTICAS

En la época del Señor Jesús y de los primeros cristianos no había electricidad, así que la gente si iba a dormir temprano y se levantaba temprano. Si querían hacer algo de noche, tenían que encender una fogata o usar una pequeña lámpara de aceite. Aunque Jesús se levantó temprano, es muy probable que fue después de haber dormido bien toda la noche. *La enseñanza de este pasaje no es levantarse antes del amanecer, sino empezar nuestro día con Dios, sea cuando fuere que normalmente lo comenzamos.* Este principio se aplica a los que trabajan en distintos turnos, a los que trabajan de noche y a personas de cualquier profesión.

La Biblia no establece una hora específica para nuestro Momento Devocional diario. No tiene que ser como C. T. Studd, famoso deportista británico, que leía su Biblia temprano en la mañana a la luz de una vela. Nunca olvidaré lo culpable que me sentí cierta vez después de haber escuchado un maravilloso sermón sobre el Momento Devocional. Después de aquel culto, creía que la única manera de ser espiritual era ¡levantarme a las 4 de la mañana y leer la Biblia a la luz de una vela! *La clave del desarrollo espiritual no es lo temprano, sino con cuánta expectación y constancia uno se reúne con el Padre.*

La ciencia médica ha descubierto que todos tenemos un reloj biológico. El cuerpo de cada uno requiere distinta cantidad de sueño a fin de funcionar a su máximo nivel. Tengo un buen amigo en Africa que sólo necesita cuatro o cinco horas de sueño por noche, pero la mayoría necesita unas siete u ocho.

Alejandro Magno tenía un reloj biológico insólito. Se dice que, cuando le era necesario, podía dormir 72 horas y trabajar 72 horas. Esta fue una de las razones por las que ganaba sus batallas. ¡Dejaba exhausto a un ejército tras otro! Nadie podía concentrarse en una batalla por tanto tiempo. Aprendió a usar sus puntos fuertes y sus limitaciones y, al morir a los 32 años, ya había logrado muchísimo. Es importante saber cuánto sueño requiere usted a fin de poder planear de antemano estar bien despierto para su Momento Devocional. Como creyente, tarde o temprano, no importa lo consagrado que sea, tendrá que enfrentar la realidad de la fatiga. El Señor la enfrentó. Una tarde se quedó dormido en una barca (Mateo 8:23-27) y le mostró a sus discípulos que, cuando uno está exhausto, lo más espiritual es ¡descansar!

Al relacionar este principio con su propio Momento Devocional, recuerde que tratar de mantener abiertos los ojos para leer la Biblia es como tratar de conversar con alguien cuando uno está medio dormido. Por lo general, si alguien que realmente le ama nota que usted está exhausto, le instará a que se vaya a descansar. La Biblia revela claramente la actitud de Dios en este sentido cuando dice: *A su amado dará Dios el sueño* (Salmo 127:2b).

EMPIECE YA

Le insto a sumarse a los millones cuyas vidas han sido cambiadas por empezar cada día con un Momento Devocional. Dedicar entre diez a quince minutos cada mañana cambiará radicalmente su día. ¿Por qué no hacer una pausa en este mismo instante para dedicar estos "minutos especiales" a Dios? Entréguele el comienzo de cada uno de sus días en el futuro. Pídale que le recuerde continuamente el importante compromiso que está asumiendo. Al orar, agradézcale el gran privilegio que es poder pasar un momento a solas en su presencia.

Todo desarrollo espiritual tiene su base en las decisiones. La decisión que usted está tomando de empezar a tener un Momento Devocional diario es una de la cual nunca se arrepentirá. Por medio de él desarrollará su comunión con Dios y su habilidad de ministrar a su prójimo.

Cada logro empieza con un primer paso, ¡y el Momento Devocional empieza con el simple hecho de despertarse en la mañana y levantarse de la cama! Esto me hace acordar el cuento del hombre que siempre se quedaba en cama para leer la Biblia. Un día confesó que se le había "presentado algo" y no había podido tener su Momento Devocional. Su ángel de la guardia escuchó lo que dijo y comentó cándidamente: "¡Ya lo creo que se le presentó algo! ¡Era algo grande y blanco, y era exactamente igual que una sábana!"

Lo contrario a la fatiga es dormir demasiado. Algunos son adictos a gastar dinero. Gastan el dinero de Dios en esto, aquello y lo de más allá hasta que no les queda nada para dar. Otros son adictos al trabajo. Trabajan, trabajan, trabajan, hasta que no les queda tiempo para acercarse a Dios porque han sustituido la adoración por la actividad.

Y después están los *adictos a dormir*. Si usted es adicto a dormir, le sugiero que memorice Proverbios 6:9 que dice: *Perezoso: ¿Hasta cuándo has de estar acostado? ¿Cuándo te levantarás de tu sueño?* Cuando lo memorice, el Espíritu Santo lo usará muchas veces para despertarlo cuando está dando vueltas en la cama en la mañana. Puedo asegurarle que es así porque él ha usado este versículo conmigo en más de una ocasión.

"Me quedé dormido" es quizá la excusa más común para no tener un Momento Devocional. A través de los años, al enseñar sobre este tema, aproximadamente un 15 por ciento de los participantes ha manifestado que se siente desganado por la mañana, 15 por ciento ha dicho que se levanta bien despierto y con ganas de empezar el día. Otro 70 por ciento expresa que se levanta bastante bien, pero que les resulta difícil

despabilarse. El Momento Devocional es para estar *alegres*, así que aquí van varias sugerencias prácticas con respecto a este asunto de despertarse y estar despabilado. Aunque algunas de estas sugerencias son más serias que otras, todas pueden ser de ayuda.

Analice qué lo despierta a usted de mañana. A mi esposa, la despierta el café. Con frecuencia lo toma antes o durante su Momento Devocional. A los hombres, les recomiendo una de esas colonias para después de afeitarse. No que la tomen sino que se la echen en la cara, el cuello, los codos y las rodillas para sentirse con ganas hasta de correr. ¡Es tremendo! Para obtener el mismo efecto, las damas pueden usar una loción astringente.

También el ejercicio físico da resultado. Hace poco, en Corea, un misionero entrado en años, me mostró su método a toda prueba. Sacude las manos vigorosamente mientras "corre" mil pasos sin moverse del mismo lugar. Después, ¡se baña en agua helada! En climas favorables, una ligera caminata antes de leer la Biblia logrará el mismo objetivo. La Biblia dice: *Ejercítate para la piedad* (1 Timoteo 4:7c), así que sea cual fuere el método que usted use, decídase de antemano y luego cumpla lo que decidió.

Para quienes sienten una aversión particular por las devociones en el invierno, les presento este método singular para despertarse. Si duerme en el lado derecho de la cama, saque primero la pierna derecha de debajo de las cobijas. Si no se levanta inmediatamente, sencillamente deje que cuelgue del costado de la cama hasta que se sienta incómodo. Pronto moverá su pierna izquierda para acompañarla. Antes de tener tiempo de pensarlo mucho, ¡estará lavándose la cara y preparándose para el día!

Recuerde lo siguiente: aunque la Biblia diga *Estad quietos y reconoced que yo soy Dios* (Salmo 46:10a), en este caso, no se quede quieto. El objetivo es levantarse de la cama para leer y orar. Si no lo hace, su Momento Devocional quieto ¡será demasiado quieto!

DEVOCIONES VESPERTINAS

Existen varios peligros en esperar hasta la noche para su Momento Devocional. No digo que Dios no lo bendecirá, pero con frecuencia no es más que darle las "sobras" de su día. Usted ya está cansado. Ya le ha dado lo mejor de sí al mundo, a su trabajo y a quienes lo rodean. Pero el que más se merece, menos recibe. Tome nota de cuatro peligros relacionados con tener su Momento Devocional de noche: ¡ya ha gastado sus energías, la almohada está blandita, hay poca luz y la letra es muy pequeña! Me ha tocado enfrentarme con cada uno de estos peligros y, sin querer, me he quedado dormido.

De joven, trataba de tener mi Momento Devocional de noche sencillamente porque no sabía que hubiera una hora mejor para tenerlo. Como la mayoría, dormía hasta el último segundo y después corría para llegar a tiempo a clase. Durante años, mi lectura bíblica y oración eran de noche. Mi abuela me había regalado una Biblia grande. Una noche la estaba leyendo, la almohada parecía tan blanda y la luz tan tenue que me quedé dormido con la Biblia sobre el pecho. No me moví en toda la noche. Teniendo la Biblia sobre el pecho, entre dormido y despierto, me decía subconscientemente: "¡Algo anda mal!" El peso de la Biblia me producía una sensación rara. Recuerdo que abrí los ojos lentamente y vi las palabras "Santa Biblia" al revés. Me puse sentimental y pensé: "¡Dormí toda la noche con la Biblia sobre mi pecho!" Puede estar seguro de una cosa: ¡esa no es la manera de llegar a ser más espiritual!

Charlie Riggs del equipo de Billy Graham ha dicho: "La Palabra de Dios tiene que introducirse en su mente, hacer un viaje de 45 cm. y penetrar su corazón." Qué cierto es eso. *Tiene que permanecer lo suficientemente alerta, despabilado, como para reflexionar en lo que está leyendo si es que va a afectar su manera de vivir.*

Cuando supe del valor de tener un Momento Devocional, acepté un desafío de empezar a dedicar diez minutos cada mañana, durante seis semanas, para estar con Dios. Fue como comer miel: cuando uno le siente el gusto, quiere más. Dijo el salmista: *¡Cuán dulces son a mi paladar tus palabras, más que la miel en mi boca!* (Salmo 119:103). Con el correr del tiempo, he llegado a comprender el testimonio de Jeremías: *Tus palabras fueron para mí el gozo y la alegría de mi corazón* (Jeremías 15:16).

Puede usted comenzar su día con Dios y terminarlo también con él. Si quiere leer y orar de noche, magnífico, siempre y cuando no sea su único Momento Devocional. ¡Disfrute de su banquete espiritual de mañana y el postre a la noche antes de ir a dormir!

CAPITULO 4

EL SECRETO DE LA VIDA PIADOSA

Ejercítate para la piedad (1 Timoteo 4:7c).

Nadie alcanza la vida piadosa por accidente. Es únicamente cuando uno anhela la pureza personal, decide ser santo y deja que Cristo esté al mando, que puede vivir en carne propia la vida cristiana victoriosa. El desarrollo espiritual, a diferencia del desarrollo físico, es el resultado de un compromiso personal con el Señor. Decidimos ejercer una autodisciplina ¡para la piedad! Cuando tomamos decisiones que honran a Cristo, él nos da todo el poder que precisamos para ponerlas en práctica.

Esta nueva vida es una vida que el mundo secular no puede entender a cabalidad. Pablo describe su singularidad en 2 Corintios 5:17: *De modo que si alguno está en Cristo, nueva criatura es; las cosas viejas pasaron; he aquí todas son hechas nuevas.* El testimonio personal de Pablo refleja un cambio total en su escala de valores. *Pero las cosas que para mí eran ganancia, las he considerado como pérdida...* Pero, ¿por qué? *...en comparación con lo incomparable que es conocer a Cristo Jesús mi Señor* (Filipenses 3:7, 8). *El cristiano tiene una nueva* *y diferente manera de pensar.* La Biblia dice: *Siendo, pues, que habéis resucitado con Cristo... ocupad la mente en las cosas de arriba, no en las de la tierra* (Colosenses 3:1a, 2).

Los nuevos pensamientos, las acciones y los profundos sentimientos que aparecen al aceptar a Cristo como Salvador son nutridos por nuestra íntima comunión con él. Al igual que la mayoría de los nuevos discípulos, el primer versículo que memoricé fue Juan 3:16: *Porque de tal manera amó Dios al mundo, que ha dado a su Hijo unigénito, para que todo aquel que en él cree no se pierda, mas tenga vida eterna.* Años después, un amigo me mostró 1 Corintios 1:9 y me explicó su maravilloso significado. Llegó a ser mi favorito, después de Juan 3:16. *Fiel es Dios, por medio de quien fuisteis llamados a la comunión de su Hijo Jesucristo, nuestro Señor.* Fue por medio de estas palabras que descubrí que cada creyente tiene un llamado; sí, el llamado divino de vivir en comunión con Cristo.

DIOS ANHELA NUESTRA COMUNION CON EL

¿Por qué reservar un Momento Devocional diario para orar y leer la Biblia? Porque Dios mismo nos llama fielmente a vivir una vida de comunión con su Hijo. Fallarle en cumplir ese anhelo santo de Dios aunque sea por un día sería una tragedia. En Juan 4:23, Jesús enfatizó su anhelo por contar con esa comunión: *La hora viene... cuando los verdaderos adoradores adorarán al Padre en espíritu y en verdad; porque también el Padre busca a tales adoradores que le adoren.* La comunión con el Señor, nuestro llamamiento más noble, ocupa el centro mismo de nuestra adoración y todo lo demás que hacemos como hijos de Dios. Por medio de ella, somos partícipes de los propósitos más divinos para la vida.

El Momento Devocional diario no es un programa planteado por el ser humano, ni es un rito legalista basado en alguna tradición. Es la respuesta externa de nuestro anhelo innato de realmente conocer a Dios. Lea las palabras del apóstol Pablo después de años de ser creyente. El anhelo de su corazón era profundizar esa comunión: *Anhelo conocerle a él y el poder de su resurrección, y participar en sus padecimientos* (Filipenses 3:10a). Pablo quería conocer todos los aspectos involucrados en tener una íntima comunión con su Creador.

El amor es igual. Los casados testifican del hecho que

después de conocerse y amarse durante años, todavía siguen aprendiendo a apreciar nuevos aspectos de la personalidad de su cónyuge. Podríamos decir que amor es igual a T-I-E-M-P-O. Para conocer realmente a una persona, lleva años de comunión con ella bajo una gran variedad de circunstancias. Esta misma regla se aplica a nuestro andar con Dios.

LA SEGURIDAD DE SU AMOR

Anhelar a Dios es tan antiguo como lo es la existencia del ser humano, pero pocos lo han expresado con la claridad de Moisés. En su hermosa oración dice: *Por la mañana sácianos de tu misericordia, y cantaremos y nos alegraremos todos nuestros días* (Salmo 90:14). Supo captar una verdad fundamental con respecto al amor de Dios: es constante, inmutable y seguro.

Moisés había develado, cada mañana, el secreto del gozo y la alegría. Andaba en comunión íntima con el Dios que amaba a pesar de todas las dificultades que el mundo lanzaba en su dirección. Póngase en su lugar: tenía 80 años y era responsable por el desplazamiento de 600.000 hombres y sus familias a la tierra de Canaán (Exodo 12:37). Detrás de él venía el enemigo ejército egipcio, delante de él tenía el abrasador desierto, y contaba con poca comida y agua. Humanamente hablando, lo único que tenía eran problemas. Además de todos estos obstáculos, el pueblo casi siempre se mostraba inconforme. Moisés soportaba el peor tipo de obligaciones en el peor ambiente de trabajo. Fue bajo estas condiciones que aprendió el valor supremo de pasar sus mañanas con Dios.

¿No le gustaría a usted sentirse interiormente satisfecho al amanecer de cada nuevo día? Piense en las deliciosas comidas que satisfacen su apetito, o en una bebida que calma su sed. *El Momento Devocional cotidiano tiene como fin satisfacer su anhelo de Dios.* Si tiene usted responsabilidades, si vive en un ambiente desafiante o necesita que le recuerden que Dios le ama, tiene a su disposición el mismo gozo que inundaba a Moisés.

Si el creyente no puede vivir dando prueba de un gozo abundante, positivo, ¿quién puede? ¡Usted tiene derecho a la felicidad! Ha sido redimido y es ahora un hijo de Dios. Tiene la libertad de llegar al máximo de su potencialidad. Efesios 2:10 dice: *Porque somos hechura de Dios, creados en Cristo Jesús para hacer las buenas obras que Dios preparó de antemano para que anduviésemos en ellas.* Es usted una persona especial que tiene una misión especial. Dios quiere recordarle cada mañana quién es usted en Cristo.

NUESTRA NECESIDAD DE CONTAR CON DIRECCION

El versículo ocho del Salmo 143 es uno de los muchos versículos prácticos en la Biblia. Enfoca específicamente el tema de tener un Momento Devocional diario. Dice allí David: *Hazme oír por la mañana tu misericordia, porque en ti confío. Hazme conocer el camino en que he de andar porque hacia ti levanto mi alma.* Si alguna vez hubo un personaje bíblico que necesitara el Momento Devocional cotidiano para recibir dirección, sin duda fue David. Cuando dice: *hacia ti levanto mi alma,* significa literalmente: ¡Pongo mi vida en tus manos!

Considere a David, un hombre cuya vida estaba llena de constantes conflictos, un hombre fuerte, valiente y decidido. ¿Por qué oró pidiendo dirección y ayuda? Porque comprendía la realidad de su propia necesidad. De muchacho, siendo un pastorcillo, David aprendió a confiar en Dios cuando protegía a su rebaño de los animales peligrosos. De jovencito se enfrentó con Goliat, el soldado gigante, con sólo una honda. De joven, se pasó años huyendo del rey Saúl quien antes fuera su amigo. De adulto vivió con la amenaza constante de los filisteos. De anciano, dos de sus hijos (Absalón y Adonías) trataron de usurparle el trono valiéndose de la violencia. Aunque vivía en medio de crisis, David fue un hombre ¡según el corazón de Dios! (1 Samuel 13:14), un hombre a quien Dios amaba entrañablemente. Aun cuando cayó en los peores pecados (2 Samuel 11), volvió al camino recto y recibió el perdón que anhelaba. Oraba todos los días pidiendo una dirección práctica, porque había probado el fracaso y percibía muy bien su necesidad.

Quizá lo más sabio sea aprender de los errores ajenos y no cometerlos uno mismo. De no lograrlo, por lo menos podemos aprender de nuestras malas decisiones y no volver a repetir el mismo pecado una y otra vez. *Alguien ha dicho que todos los creyentes aprendemos, tarde o temprano, a orar: la cuestión es si oraremos pidiendo dirección o pidiendo perdón.* Parafraseando una antigua máxima, digamos que un gramo de dirección vale más que un kilo de perdón.

Al comienzo de mi vida cristiana, aprendí esa lección en la ¡escuela de los golpes! Parecía que cada noche empezaba mis oraciones diciendo lo mismo: ¡Señor, perdóname por todos mis pecados! Desafortunadamente, mi lista nunca incluía el hecho de no buscar su dirección. El pecado de la vanidad es sutil pero real, y hace que millones vivan una vida cristiana mediocre. *Dios quiere que encaremos el día contando con el beneficio de su consejo pero, con demasiada frecuencia, finalizamos nuestro día innecesariamente fracasados, sencillamente porque no hemos buscado su dirección.* La dirección de Dios está a nuestra disposición tan generosamente como su perdón. Dice el Señor: *Te haré entender y te enseñaré el camino en que debes andar. Sobre ti fijaré mis ojos* (Salmo 32:8).

RACHAS DE ARIDEZ

No importa cuánto ame al Señor o la profundidad de su consagración a él, habrá momentos de aridez espiritual en su vida. Por lo general serán meramente el resultado de la fatiga corporal. En otras ocasiones, pueden ser el resultado del aburrimiento, de conflictos no resueltos, de problemas de salud o de pecados no confesados. David sufría agudamente del aburrimiento de la etapa de la media vida, y Moisés se desgastó ante la incesante ingratitud del pueblo por el cual trabajaba. Nadie está exento de rachas de aridez espiritual. Aunque son períodos indeseables, Dios los puede usar para enseñarnos valiosas lecciones. Con frecuencia, es como resultado de estas ocasiones que podemos ver su fidelidad con más claridad.

¿Cómo evitar esas rachas de aridez? ¡La clave es ser consecuente! El buen deportista no se entrena únicamente cuando le da la gana. Se entrena diariamente, porque sabe que el ejercicio le conviene y puede determinar si perderá o ganará al enfrentarse con su adversario. Lo mismo se aplica a la agricultura o a cualquier actividad que valga la pena. La Biblia dice: *No nos cansemos, pues, de hacer el bien; porque a su tiempo cosecharemos, si no desmayamos* (Gálatas 6:9).

Supongamos que usted se compromete espiritualmente a seguir creciendo pero, por alguna razón justificada, no tiene su Momento Devocional. El diablo tratará de convertir esa situación totalmente valedera en el comienzo de una racha de aridez. Probablemente su táctica será decir: "Si realmente eres un creyente consagrado, tu hubieras levantado esta mañana y hubieras tenido tu Momento Devocional. Te comprometiste a pasar un rato con Dios, y esta mañana no lo hiciste." Ignorará cuidadosamente el hecho de que usted se quedó levantado tarde la noche anterior haciendo algo importante, espiritualmente acertado. ¡Si está usted dentro de la voluntad de Dios al quedarse levantado tarde, también puede estar dentro de la voluntad de Dios que duerma tarde! Memorice este versículo: *Ahora pues, ninguna condenación hay para los que están en Cristo Jesús* (Romanos 8:1). Satanás no tiene el derecho de condenarlo a usted como cristiano, porque no es de él. Usted es hijo de Dios.

¿Alguna vez le ha dado una paliza al hijo de un vecino? Es peligroso hacerlo porque sólo sus amigos de gran discernimiento podrían apreciar y apoyarlo en su intento por ayudarles con la disciplina de sus hijos. Muchos lo resentirían. Por lo general, disciplinamos a nuestros propios hijos porque es nuestra obligación hacerlo. De la misma manera, dice la Biblia: *El Señor disciplina y castiga al que ama* (Hebreos 12:6a, paráfrasis). Dios nos da palizas espirituales porque somos de él y nos ama. Satanás no tiene el derecho de corregirle, condenarle ni nada parecido a usted como cristiano; así que cuídese y no se deje desalentar por él al andar con Cristo.

El profesor de un seminario compartió cierta vez conmigo un principio que me ha servido a través de los años. Me enseñó que ¡Dios da convicción en lo específico... y Satanás condena valiéndose de generalidades! Por ejemplo, si se perdió varios Momentos Devocionales por razones triviales, es posible que Satanás le diga: ¡Amigo, no tienes lo que se requiere para ser consagrado. Para decirte la verdad, no creo que puedas triunfar como cristiano. Si realmente amaras a Dios, actuarías mejor! Satanás tratará de condenarle y hacerle sentir como un fracaso. Puede contar con eso. ¡Delo por hecho!

En cambio el Espíritu Santo posiblemente le diga algo así: "Amigo, tú eres mi hijo y te amo, pero te perdiste una gran bendición esta mañana. Yo tenía algo especial de mi Palabra para compartir contigo. Ten cuidado y no descuides estos momentos juntos, porque no recibirás una bendición si estás ausente"

Dios siempre le llamará la atención a su omisión, y le convencerá de que debe corregir el problema, pero nunca le condenará por cometer el pecado. Satanás le condenará como persona porque quiere socavar el concepto que usted tiene de usted mismo. Dios, al contrario, le convencerá que lo que hizo es pecado, pero a la vez lo aprobará a usted como persona y fortalecerá el concepto que usted tiene de usted mismo.

No comprender esta diferencia básica ha hecho que muchos confundan las actividades de Dios y las de Satanás. Dios obra preocupándose por hacer lo mejor para el ser humano, pero Satanás obra usando otras estrategias. El quiere debilitar su testimonio y tentarlo a vivir una vida indisciplinada en lo que a su compromiso espiritual se refiere. Usa la condenación como herramienta para lograr su propósito. Quiere que usted sea negativo en cuanto a usted mismo, a sus amigos, a su iglesia, a la Biblia y, de ser posible, aun con respecto a la vida misma. Su objetivo es desalentarlo a fin de que no desee seguir creciendo.

Sea sagaz y recuerde que el enemigo no tiene nada de poder sobre usted a menos que usted se lo otorgue voluntariamente. *Ahora pues, ninguna condenación hay para los que están en Cristo Jesús* (Romanos 8:1). Luchamos contra un enemigo ya derrotado y *somos más que vencedores por medio de aquel que nos amó* (Romanos 8:37b). El secreto para lograr una vida piadosa se encuentra en una manera de vivir espiritualmente consecuente. La vida incomparable que es posible por medio del sufrimiento y la muerte de Cristo ya es potencialmente nuestra, y se hace una realidad en nosotros a medida que la escogemos cotidianamente. ¿Qué clase de vida desea usted verdaderamente? Esa es la cuestión. Todo lo que se requiere para su felicidad ya le ha sido dado. ¡Tiene ahora la libertad, como hijo de Dios, de vivir una vida de incomparable victoria! Declara la Biblia: *Prosigo a la meta hacia el premio del supremo llamamiento de Dios en Cristo Jesús* (Filipenses 3:14).

CAPITULO 5

PRINCIPIOS PARA VIVIR VICTORIOSAMENTE

Más bien, en todas estas cosas somos más que vencedores por medio de aquel que nos amó (Romanos 8:37).

PRINCIPIO 1: El desarrollo es lento

La paciencia tenga su obra completa para que seáis completos y cabales, no quedando atrás en nada (Santiago 1:4).

De recién casados, tuvimos con mi esposa la singular experiencia de ser huéspedes en la casa de Billy Graham un día de Navidad. Grady Wilson, mi padre espiritual, y Billy Graham, su amigo de toda la vida, decidieron jugar al golf esa tarde. Para que no se dieran cuenta qué mal jugaba yo, me ofrecí a ser el *caddie* del Dr. Graham. Este, hacía poco había tenido una operación quirúrgica, por lo que aceptó contento mi ofrecimiento. Al ir avanzando en el campo de golf, aproveché cada oportunidad que se me presentaba para hacerle preguntas. Cuando en uno de sus tiros, la pelota se le fue a un costado del campo, le comenté: "A veces la vida es así, ¿no?" a lo que él respondió: "Sí, algunos se desvían para la izquierda y otros para la derecha". Me describió cómo los que se desvían a cualquiera de los dos lados limitan su propia capacidad de dejar que Dios los use.

Caminamos y conversamos, y le pregunté si había todavía muchos versículos en la Biblia que le resultaban difíciles. Me comentó que había algunos que por más de veinticinco años estaba orando pidiendo poder entenderlos. Luego expresó una verdad maravillosa: que cuando uno realmente *necesita* entender un pasaje "Dios lo abre y florece como una hermosa flor. A su tiempo, revela el significado escondido y la belleza de cada faceta de su Palabra."

Jesús ilustró esta verdad en su oración modelo (Mateo 6:9-13). Nos enseñó a orar con una actitud paciente. No dijo: "Danos hoy de antemano nuestro pan de la semana". Nos mostró que hemos de confiar en él un día a la vez. Espiritualmente hablando, el pan cotidiano es el único medio por el cual Dios asegura nuestro porvenir. Cuando el Señor se llamó a sí mismo *el pan de vida* (Juan 6:35), quiso profundizar nuestra comprensión de que nuestro pan cotidiano es tanto espiritual como material. Dijo: *No sólo de pan vivirá el hombre, sino de toda palabra que sale de la boca de Dios* (Mateo 4:4b).

Para la mayoría, comer es un placer. Como promedio, comemos unas mil comidas por año. Los cambios físicos que se producen por comer son tan lentos que no se notan de un día para otro. Pero nuestro cuerpo nunca permanece estacionario. Cambia todos los días. ¿Recuerda la impaciencia de su niñez? El año siguiente parecía una eternidad. Es únicamente al ir madurando que comprendemos que el desarrollo tanto espiritual como físico es lento.

PRINCIPIO 2: Use su sentido común

El sentido común es una virtud que ayuda a asegurar una vida de victoria espiritual. Por ejemplo, imaginémonos que voy caminando en su vecindario y, al encontrarnos, usted nota que estoy llorando. Preocupado, me pregunta: "Billie, ¿por qué llora? ¡Qué triste se le ve." Desconsolado, yo le contesto: "Me perdí el almuerzo. Hace años me comprometí a comer siempre. ¡Prometí ser constante! Pero hoy fracasé; no almorcé. No tengo las agallas para poder cumplir mi promesa. Esto se acabó. ¡Jamás volveré a comer!"

Si uno se pierde una comida, sencillamente la compensa después. No deja de comer. Es igual si usted se pierde su Momento Devocional. Simplemente dedique más tiempo a la oración y a la lectura bíblica después. Podría ser esa noche o a la mañana siguiente.

Comer su comida favorita no tiene nada de legalista. ¿Por qué?

Porque comer es un placer. Así como su apetito estomacal le incita a acercarse al refrigerador, su apetito espiritual le incita a leer la Biblia. *Pasar hambre y estar desnutrido voluntariamente es tan ridículo espiritualmente como lo es físicamente, así que haga uso de su sentido común y aliméntese.*

PRINCIPIO 3: Cuide sus afectos

Hace un tiempo conversaba con un colega sobre la importancia de que Cristo ocupara el primer lugar en nuestra vida. Mateo 6:33 dice: *Buscad primeramente el reino de Dios.* Le pregunté: "Para usted, ¿qué significa realmente ese versículo?" Nunca olvidaré su respuesta. Dijo: "Billie, Cristo no quiso decir ocupar el primer lugar en un sentido tradicional. Si fueras a tu casa y al ver a tu esposa dijeras: 'Quiero que sepas cuánto te amo. Ocupas el primer lugar en mi vida. Pero quiero que sepas de María Luisa, Juanita, Rosa y Tita. Ellas ocupan el segundo, tercero, cuarto y quinto lugar.'" Lo entendí. ¿Le parece que a mi esposa le haría gracia simplemente ocupar el primer lugar? Por supuesto que no. Su cónyuge quiere ser su único amor, no sólo el primero en la lista.

A eso se refiere Mateo 6:33. Cristo quiere ser primero, y quiere serlo todo. Su llamado al discipulado siempre es claro y siempre lo ha sido. Dijo: *Si alguno viene a mí y no me ama más que a su padre, madre, mujer, hijos, hermanos, hermanas y aun su propia vida, no puede ser mi discípulo* (Lucas 14:26, paráfrasis). Esta no era una enseñanza nueva sino un eco del primer mandamiento: *Amarás al Señor tu Dios con todo tu corazón y con toda tu alma y con toda tu mente* (Mateo 22:37). Al ir aprendiendo a amar a Dios con todo lo que somos, él puede empezar a amar a otros por intermedio nuestro. Porque vive en nosotros, tenemos una medida inagotable de amor a nuestra disposición para compartir con los que tenemos cerca y con otros alrededor del mundo. En su desafío de despedida en el aposento alto, recordó a sus discípulos su nuevo mandamiento: *Como os he amado, amaos también vosotros los unos a los otros* (Juan 13:34).

La victoria espiritual se logra al dejar que Dios ponga en orden nuestras prioridades y afectos. En Colosenses 3:2, Pablo nos dio las siguientes instrucciones: *Ocupad la mente en las cosas de arriba, no en las de la tierra.* Si quiere usted constatar si Cristo ocupa el primer lugar en su vida, examine tres áreas de su vida: sus pensamientos, su tiempo y sus ofrendas.

SUS PENSAMIENTOS

¿En qué le gusta pensar? Filipenses 2:5 desafía a que *Haya en vosotros esta manera de pensar que hubo también en Cristo Jesús.* Seguidamente, el pasaje dice que el Señor se humilló a sí mismo para convertirse en un siervo. ¿Le gusta pensar en formas nuevas de servirle? En Filipenses 4:8, la Biblia dice: *En cuanto a lo demás, hermanos, todo lo que es verdadero, todo lo honorable, todo lo justo, todo lo puro, todo lo amable, todo lo que es de buen nombre, si hay virtud alguna, si hay algo que merece alabanza, en esto pensad.* Sus pensamientos son el espejo de sus afectos. Cuando realmente busca el reino de Dios, lo sabrá. Sus propios pensamientos se lo revelarán.

Las Escrituras nos enseñan este importante principio: En cuanto al ser humano: *cual es su pensamiento en su mente, tal es él* (Proverbios 23:7a). Llegamos a parecernos a las cosas en las cuales pensamos. Por esta razón, la Biblia dice: *Sobre toda cosa guardada, guarda tu corazón; porque de él emana la vida* (Proverbios 4:23). Quizá se pregunte usted: "¿Cómo hago para guardar mi corazón?" Cuando la Biblia habla del corazón, por lo general se refiere a esa parte de su mente donde se toman las decisiones más profundas de la vida. Es también el lugar donde se forman los afectos. *En un sentido espiritual, usted guarda su corazón cuando guarda sus pensamientos. Es cuestión de una higiene tanto mental como espiritual.*

La Biblia advierte: *Si alguno ama al mundo, el amor del Padre no está en él* (1 Juan 2:15b). Esta enseñanza es fácil de comprender a la luz del primer mandamiento: *Amarás al Señor tu Dios con todo tu corazón* (Marcos 12:30a). Cuando uno le da su amor a Dios, le queda menos para dedicar a las cosas pecaminosas en el mundo que le rodea.

SU TIEMPO

¿Le gusta estar con el Señor en momentos de comunión, recreación, adoración y capacitación? Los primeros cristianos reestructuraron completamente sus vidas. Dejaron a un lado todo lo que tenían a fin de pasar todo el tiempo posible con el Maestro. En esas etapas juntos, les enseñó cómo ser *pescadores de hombres.* Marcos 3:14a dice: *Constituyó a doce, ...para que estuvieran con él.* El gran ministerio de los discípulos para con el mundo fue después de que pasaron tiempo en su presencia.

Aunque la naturaleza radical del llamamiento de los apóstoles en la mayoría de los casos no se parecerá a la forma como Dios trata con usted, el espíritu de su llamamiento es el mismo que el de Pedro,

Santiago y Juan. Para ellos, su tiempo con Cristo era tan valioso que escalaron montañas y caminaron los largos, serpenteantes y polvorientos caminos de Judea y Galilea con tal de estar cerca de él (Mateo 17:1).

El hecho de que algunos creyentes que desean ir al cielo no son capaces de levantarse quince minutos más temprano o de asistir a los cultos el domingo para estar con él aquí en la tierra, da qué pensar. Me pregunto muchas veces qué será lo que la gente espera estar haciendo en el cielo que les hace creer que quieren ir allí. Si no valoran la música de alabanza y la comunión con sus hermanos en la fe, ni disfrutan de oír sobre las verdades eternas de su Palabra, qué raro se les hará el ambiente en el cielo.

El apóstol Juan, describiendo aquel tiempo futuro, dijo: *Oí como la voz de una gran multitud... como el sonido de fuertes truenos, diciendo: ¡Aleluya! Porque reina el Señor nuestro Dios Todopoderoso* (Apocalipsis 19:6). Cada momento dedicado a alabarle y a conocerle al nivel humano más profundo es tiempo que tendrá un valor eterno, porque su relación con él durará para siempre. Si está demasiado ocupado para tener este tipo de comunión, ¡usted está demasiado ocupado!

SUS OFRENDAS

Donde esté vuestro tesoro, allí también estará vuestro corazón (Lucas 12:34). *Si quiere saber qué es lo importante para usted, tome nota de los talones de su chequera o de los recibos de las compras que hace.* La mayoría de nosotros tiene temor de hacerlo porque no queremos enfrentar la verdad. Mostraría que nuestra principal motivación y verdadera meta de ganar dinero no es realmente para cumplir la Gran Comisión. Nuestros afectos siguen siendo terrenales. Es posible que lo sospechemos, y a veces hasta nos preocupa un poco, pero Dios no nos puede usar poderosamente, ni confiar en nosotros como desearía, hasta que hayamos aniquilado de nuestra vida al "Goliat de las posesiones".

Al ir siendo consecuente con su Momento Devocional y al empezar a comprender los principios bajo los cuales Dios obra, descubrirá que ofrendar es una parte central de su naturaleza. Su desarrollo espiritual personal puede ser medido por su respuesta a esta pregunta: "¿Cuánto me estoy pareciendo a Cristo?" Al ir conformándose a su imagen, su nueva actitud se parecerá a la de la época de David: *El pueblo se regocijó por haber contribuido con ofrendas voluntarias, porque con un corazón íntegro habían hecho a Jehovah ofrendas voluntarias* (1 Crónicas 29:9).

Pronto se percatará de lo siguiente: cada momento de su vida, cada posesión que valora, cada amistad que aprecia, cada logro alcanzado, ha sido por medio del amor de Dios. Cuando se dé cuenta de esto, ¡se sentirá maravillado! Le sobrecogerá el anhelo de corresponder a lo que él le ha dado. ¿Acaso no le ha dado la mente, la voluntad y las fuerzas para que le fuera posible ganar todo lo que ha ganado y que posee?

Dice el salmista: *De Jehovah es la tierra y su plenitud, el mundo y los que lo habitan* (Salmo 24:1). Cristo es el dueño del 100 por ciento; no obstante, nos da generosamente el 90 por ciento para invertir, disfrutar y sustentarnos. El diezmo, el 10 por ciento de nuestras entradas, es todo lo que él requiere de nosotros, pero las ofrendas más gozosas del cristiano muchas veces sobrepasan ese mínimo. ¿Por qué? Por saber que estos fondos serán usados para cumplir la Gran Comisión y llevar las Buenas Nuevas de Jesucristo a todas las naciones del mundo (Mateo 28:19; Mateo 24:14).

En el capítulo 29 de 1 Crónicas, hay una oración que siempre me ha hecho sonreír, aunque David la expresó en sincera adoración y alabanza. En el versículo 12 dice: *Las riquezas y la honra provienen de ti*, y, más adelante: *¿Quién soy yo, y qué es mi pueblo, para que podamos ofrecer espontáneamente cosas como éstas, siendo todo tuyo, y que de lo que hemos recibido de tu mano, te damos?* (Versículo 14.)

Lo único que tenemos para darle a Dios es lo que él ya nos ha dado a nosotros. Por eso es que nunca podemos ofrendar demasiado ni dar más que Dios. Un buen amigo mío suele decir: "Cuando damos nuestra ofrenda a Dios, él también nos da ofrendas a nosotros. ¡Pero él usa una pala más grande!"

En cierta ocasión, para el Día del Padre, me sucedió algo que me hizo comprender esta gran verdad. Heather, mi hija de diez años, decidió ir de compras. Había ahorrado durante dos años el dinero que le íbamos dando por sus buenas calificaciones. Cuando llegué a casa, me encontré con chinelas, pijamas, una bata, una camisa, una corbata (no la que yo hubiera elegido, sino una moderna que ella opinaba que yo necesitaba) y una cajita para afeitar. En la cajita había jabón, colonia, loción de afeitar y todo lo que uno pudiera querer. ¡Ella estaba allí de pie, sonriendo encantada! La tomé en mis brazos, le di un abrazo y le agradecí de todo corazón. Después le pregunté: "Querida, ¿cuánto gastaste?" (Típica pregunta paternal.) Su respuesta fue: "Todo lo que tenía." Pensé para mis adentros: *¡Qué locamente maravilloso!*

Así es el amor. ¿Le parece que alguna vez conscientemente dejaría que Heather se quedara sin nada o sufriera por haberme dado todo lo que tenía? Es obvio que, siendo su padre, puedo darle de vuelta lo que ella me dio y mucho más. Lo que me encanta es que ella me dio todo aquello espontáneamente, y que hizo todo lo que pudo. Eso, nunca lo olvidaré.

Así que la verdad más profunda con respecto a ofrendas es que tanto el 10 por ciento como el 90 por ciento son de Dios. Todo lo que es usted, es de él. Cuando cambió su iniquidad por la bondad de él (2 Corintios 5:21), el título de propiedad de su vida pasó a ser de Dios para siempre (1 Corintios 6:19). Su cuerpo físico se convirtió en el templo terrenal de él. Usted ya no se pertenece, porque ha sido comprado por precio (1 Corintios 6:20). Desde ese momento en adelante, usted ha sido tratado como su propio hijo. Cuando procura usted llenarlo de su amor y de sus regalos, aunque a usted le parezcan muchos, nunca son más que una pequeña fracción de lo que él ya le ha dado. ¿Por qué se regocija Dios por lo que damos? No porque lo necesite, sino porque quiere vernos llegar a ser más como él. Y él...¡es un dador! *Porque de tal manera amó Dios al mundo, que ha dado...* (Juan 3:16).

PRINCIPIO 4: Hágase islas durante el día

Su fama se extendía cada vez más, y se juntaban a él muchas multitudes para oírle y para ser sanadas de sus enfermedades. Pero él se apartaba a los lugares desiertos y oraba (Lucas 5:15,16). La fama de Cristo se estaba extendiendo. Su ministerio crecía y sus responsabilidades iban en aumento. Cuando las presiones de la vida empiezan a acorralarnos, tenemos dos opciones. Podemos ejercer control sobre nuestras circunstancias o dejar que ellas ejerzan su control sobre nosotros. El Señor Jesús nos dio ejemplo sobre la decisión correcta.

Paradójicamente, cuanto más uno tiene que hacer, menos tiempo tiene para hacerlo. Hace poco almorcé con una famoso profesor de Biblia que está en mucha demanda por todo el mundo. Me dijo: "Billie, me siento tremendamente frustrado porque este año he recibido 2.000 invitaciones para dar conferencias. Me es difícil saber cuáles de ellas quiere el Espíritu Santo que yo acepte." Al ir aumentando el impacto de su ministerio, su necesidad de contar con discernimiento y dirección ha aumentado en la misma proporción.

Ya hemos hablado de la importancia de comenzar su día con Dios. Pero el Señor no sólo empezaba su día en oración sino que, como lo expresara un ocupadísimo hombre de negocios, "le ponía islas a su día". Cada vez que se le presentaba la oportunidad, se apartaba para estar con el Padre.

Aun en el día más notable de su ministerio público, Jesús planeó de antemano a fin de contar con una isla de tiempo a solas. Habiendo alimentado a 5.000 hombres y a sus familias con sólo cinco panes y dos pescados, *comenzó a enseñarles muchas cosas* (Marcos 6:34). Ya era tarde cuando los discípulos recogieron doce canastas de trozos de pan y pescado. Inmediatamente, dice la Biblia: *Obligó a sus discípulos a subir en la barca para ir delante de él a Betsaida, a la otra orilla [del mar de Galilea], mientras él despedía a la multitud. Y habiéndose despedido de ellos, se fue al monte a orar* (Marcos 6:45, 46).

En esta ocasión, Jesús hizo algo muy distinto. Lo normal hubiera sido que despidiera a la multitud y llevara a los doce a un lugar quieto donde pudieran conversar sobre sus enseñanzas. Pero en esta ocasión, se separó intencionalmente de los doce. La única manera de poder estar solo era planear su día y hacer que las circunstancias fueran compatibles con su voluntad. Porque los doce siempre lo presionaban exigiéndole su tiempo y atención, los mandó que se fueran a fin de tener unas horas a solas con el Padre. Después de despedir a la multitud, llevó a cabo su plan de tener un Momento Devocional. Subió al monte y pasó la velada en oración. Estaba en control de su vida.

Marcos escribió: *Al caer la noche, la barca estaba en medio del mar, y él solo en tierra. Viendo que ellos se fatigaban remando, porque el viento les era contrario, a eso de la cuarta vigilia de la noche, él fue a ellos caminando sobre el mar, y quería pasarlos de largo* (Marcos 6:47, 48). Todos conocemos el milagro de Jesús al caminar sobre el agua del mar de Galilea, ¿pero nos hemos detenido para considerar la razón? Cada actividad de ese atardecer y esa noche había sido programada para servir sus propósitos. Caminar sobre el agua no fue un milagro público para ser visto. Hasta tenía la intención de pasar de largo a sus discípulos. La única razón por la cual este milagro era necesario, era la suprema importancia que él le daba a estar a solas en oración. Usted y yo no podemos caminar sobre el agua para tener un Momento Devocional, pero podemos programar estar a solas con Dios como lo hizo Jesús.

¿Cómo podemos seguir su ejemplo en el mundo actual? Para empezar, podemos apagar la radio en el auto y aprovechar ese tiempo para orar y meditar. Podemos escuchar casetes de la Biblia al caminar o hacer ejercicio, podemos decidir mirar menos TV y crear un ambiente de quietud a nuestro alrededor. Mucho del ruido creado por el humano es una forma de escapismo por medio del cual procura solucionar su soledad. Para el creyente, las islas de quietud son momentos para escuchar, planear, tener comunión y tranquilidad espiritual.

Por lo general, las grandes decisiones de Jesús fueron tomadas durante esos momentos a solas. Sus doce discípulos fueron escogidos después de una noche entera de oración (Lucas 6:12). Y la victoria más apoteótica de su vida fue lograda en solitaria agonía mientras oraba: *No lo que yo quiero, sino lo que tú quieres* (Marcos 14:32-36). Sin el triunfo del Getsemaní no habría un Calvario.

En conclusión, el perdón de nuestros pecados fue posible como resultado del compromiso firme de Jesús de hacerse islas durante el día para dedicarlas a la oración. Fue por medio de esta práctica que vivió en total obediencia y perfecta comunión con el Padre. Nosotros podemos hacer lo mismo. Santiago dijo: *Y si a alguno de vosotros le falta sabiduría, pídala a Dios, quien da a todos con liberalidad* (Santiago 1:5a). El que no aprovechemos esta oferta, es simplemente una evidencia de que *No tenéis, porque no pedís* (Santiago 4:2b).

¿Quién se perjudica si no nos hacemos islas durante el día? Si Jesús no las hubiera hecho, habría renunciado a su destino, pero hubiéramos sido nosotros los perjudicados. Lo mismo sucede en la actualidad. *Si no escuchamos: renunciamos a nuestro ministerio, pero los que hubieran sido ganados para Cristo pagarán las peores consecuencias de nuestra indiferencia espiritual.*

PRINCIPIO 5: Considere a su prójimo antes que a usted mismo

Dice la Biblia: *Todo lo que queráis que los hombres hagan por vosotros, así también haced por ellos* (Mateo 7:12). Teniendo en mente esta Regla de Oro, consideremos la pregunta: *¿Qué pasaría si usted estuviera dependiendo de alguien como usted mismo para que le explique el plan de salvación? ¿Qué probabilidad habría de que aprendiera usted cómo ir al cielo?* ¿Querría usted que la vida de oración intercesora de esa persona a favor de usted fuera como la suya? ¿Querría que la vida disciplinada de ella y su conocimiento de la Biblia se parecieran a los de usted? ¿Y qué del amor de ella? ¿Querría que su nivel de interés por el destino eterno de usted fuera similar al suyo?

Si sus respuestas honestas a estas preguntas son "No", comprenderá por qué Dios quiere efectuar cambios trascendentales en la calidad de su vida. A Jesús le importó la gente. Por esta razón, se esforzó por ser todo lo que ellos necesitaban. Dijo: *No he venido para ser servido, sino para servir* (Marcos 10:45, paráfrasis). Nos recordó que el discípulo no es más que su maestro (Mateo 10:24a). Nos mostró cómo ser testigos en cada circunstancia de la vida extendiendo una mano a los fracasados, como la mujer samaritana junto al pozo (Juan 4:4-26), y presentando desafíos a los intelectuales como Nicodemo (Juan 3:1-15). Somos llamados a hacer lo mismo.

Si fuera usted un tramposo lleno de codicia como Zaqueo (Lucas 19), un líder como Lázaro (Juan 11), un rico como José de Arimatea (Mateo 27:57), un rebelde como Saulo (Hechos 8), un pescador ordinario como Pedro (Mateo 4:18), un adolescente tímido como Juan Marcos (Hechos 13:13), una mujer inmoral como María Magdalena (Lucas 8:2) o una dulce mujer llena de fe como María de Betania (Juan 11), ¿cómo quisiera que lo trataran? ¿Querría que alguien compartiera el evangelio de Cristo con usted?

Al observar a los miles de millones que pueblan nuestro mundo y al considerar el bajo porcentaje que ha recibido a Cristo como su Señor y Salvador, esa pregunta se convierte en una extremadamente personal. Póngase en el lugar de ellos: confundidos, solitarios y aun amargados. Aun en el mejor de los casos, tienen una comprensión muy limitada de cómo es Dios. Viviendo sin Cristo, concentran sus pensamientos en cosas materiales. Pablo dijo: *Los que viven conforme a la naturaleza del hombre pecador, sólo se preocupan por lo puramente humano* (Romanos 8:5a, Versión Popular). Esto da como resultado la muerte espiritual.

Jesús dijo: *Yo he venido para que tengan vida, y para que la tengan en abundancia* (Juan 10:10b). Porque los seres humanos fueron la razón de su venida al mundo, al vivir por medio nuestro, se convertirán en la razón de nuestra vida también. El apóstol Pablo explicó cómo aprendemos a considerar a nuestro prójimos antes que a nosotros mismos, al declarar: *Porque Dios es el que produce en vosotros tanto el querer como el hacer, para cumplir su buena voluntad* (Filipenses 2:13).

Si usted quiere vivir victoriosamente, el medio definitivo para esta aventura es Cristo mismo. Ninguna lista de principios, por ciertos que sean, puede asegurar la calidad de vida que usted anhela. Pero tenga por seguro que la victoria está a su disposición porque el que vive en usted es victorioso. Dependa de él para que viva su vida resucitada —*a través* de usted. El es más que suficiente para encarar cada prueba y oportunidad en su futuro. Al repasar estos cinco principios, decídase a dejar que él los ponga en práctica cotidianamente por intermedio suyo.

MEDITACIONES PARA LOS MOMENTOS DEVOCIONALES

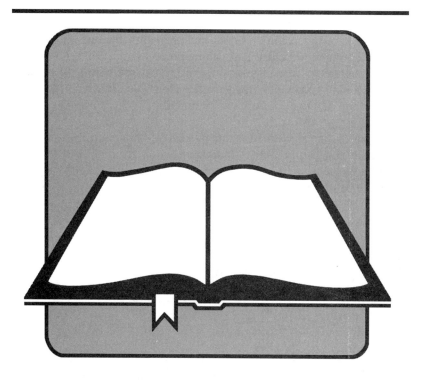

1 — 30

MOMENTO DEVOCIONAL 1

¿Cómo puedes *estar seguro* de que eres salvo y tienes vida eterna?

Veamos 1 Juan 5:11-13: *Y éste es el testimonio: que Dios nos ha dado vida eterna, y esta vida está en su Hijo. El que tiene al Hijo tiene la vida; el que no tiene al Hijo de Dios no tiene la vida. Estas cosas os he escrito a vosotros que creéis en el nombre del Hijo de Dios, para que sepáis que tenéis vida eterna.*

¡Porque Dios te ama, anhela que disfrutes de una vida llena de paz interior y seguridad! El te ha prometido vida eterna desde el mismo instante de tu conversión hasta... la eternidad. Esta es la buena noticia que proclama la Biblia.

La muerte y resurrección de Cristo han hecho posible que tengas una relación correcta con Dios, tanto ahora como eternamente. La Biblia llama ¡vida eterna! a esta relación. Porque has recibido a Jesucristo como tu Señor y Salvador, puedes *estar seguro* de que formarás parte de la familia de Dios ¡por toda la eternidad!

Esta seguridad no se basa en lo que puedas tú sentir, sino en la promesa de Dios. La Biblia dice: *A todos los que le recibieron, a los que creen en su nombre [el nombre de Cristo], les dio derecho de ser hechos hijos de Dios* (Juan 1:12).

Mi percepción bíblica	*Oración*
Puedo estar seguro de que tengo vida eterna debido a las promesas de Dios en la Biblia.	*Padre, gracias porque me salvaste y diste vida eterna.*

MOMENTO DEVOCIONAL 2

¿Cómo fue posible que obtuvieras salvación?

El apóstol Pablo contestó la pregunta: *Porque por gracia sois salvos por medio de la fe; y esto no de vosotros, pues es don de Dios. No es por obras, para que nadie se gloríe* (Efesios 2:8, 9).

Estos versículos explican claramente cómo somos salvos, así que léelos nuevamente y traza un círculo alrededor de las frases *¡por gracia!* y *¡no es por obras!* Piensa en el significado de estas importantes palabras. *¡Gracia!* significa literalmente el tipo de amor que es inmerecido y que uno nunca puede ganarse.

En cierta ocasión uno de los hombres más ricos del mundo se le acercó a un famoso creyente. El multimillonario le dijo: "Daría cualquier cosa por tener esa *paz* de la cual habló hoy." El creyente le contestó: "Estoy seguro que así es pero, ¿estaría usted dispuesto a recibir la luz de la salvación si no le costara *nada*?" El rico quedó perplejo ante la pregunta. En su quehacer cotidiano podía atribuirse el mérito de sus posesiones y logros porque había trabajado por ellos. La idea de recibir perdón como un *regalo* de Dios le era extraña.

Es nuestro orgullo lo que nos impulsa a querer llegar al cielo por nuestros propios esfuerzos. En cierta oportunidad Salomón, el hombre más sabio de la antigüedad, fue inspirado por Dios para escribir estas palabras: *Antes de la quiebra está el orgullo.* La Biblia afirma que *nunca* se puede obtener la salvación por medio de las obras. ¿Por qué? Porque si nos la ganáramos, ¡seríamos orgullosos y altivos! Examinemos otra verdad. Dado que la salvación le costó todo al Señor, a ti no te cuesta nada. Pero aunque hubieras estado dispuesto a *dar todo lo que tienes*, aun así ¡te hubiera sido imposible comprarla! Ninguna cantidad de obras o riquezas humanas hubiera sido suficiente. ¡Tu salvación fue un regalo *perfecto* de un dador *perfecto*!

Mi percepción bíblica	*Oración*
Dios me dio mi salvación como un regalo, yo no me la gané.	*Padre, te agradezco tu gracia que hizo posible que yo fuera salvo.*

MOMENTO DEVOCIONAL 3

¿Qué enseña la Biblia sobre la capacidad de nuestro Señor de conservarnos una vez que somos salvos?

Jesús dijo en cierta ocasión: *Mis ovejas oyen mi voz, y yo las conozco, y me siguen. Yo les doy vida eterna, y no perecerán jamás, y nadie las arrebatará de mi mano. Mi Padre que me las ha dado, es mayor que todos; y nadie las puede arrebatar de las manos del Padre* (Juan 10:27-29).

En este pasaje, Jesús se refiere a los creyentes cuando habla de ovejas. La seguridad de las ovejas no radica en *su propia* capacidad de defenderse sino en la capacidad del *pastor* de protegerlas. Dios es el único que nos puede mantener seguros. Dependemos de la capacidad de él, no de la nuestra. Nadie puede arrebatarte de la mano de tu Padre Celestial, porque él es más poderoso que nadie ¡y es él quien te ha dado vida eterna!

Obtienes seguridad cuando te percatas de que, al llegar a ser su hijo, eres de él *para siempre*. Para entender y recordar esta maravillosa verdad, supón que tienes una moneda en la palma de tu mano izquierda. Ahora cierra la mano, y apriétala fuerte. Luego, cubre tu mano izquierda con tu mano derecha. ¿Acaso hay manera que se te pueda caer la moneda?

Vuelve a leer el primer párrafo. ¿En la mano de quién estás? La Biblia afirma que estás firmemente sostenido tanto por el *Padre* como por el *Hijo*.

Mi percepción bíblica	*Oración*
Puedo estar seguro de que siempre seré del Señor y que nunca perderé mi salvación.	*Gracias, Padre, por tu poder y protección que me mantienen seguro en la palma de tu mano.*

MOMENTO DEVOCIONAL 4

¿Has notado un cambio en tus actitudes desde que entregaste tu vida a Cristo?

Segunda Corintios 5:17 dice: *De modo que si alguno está en Cristo, nueva criatura es, las cosas viejas pasaron, he aquí todas son hechas nuevas.*

No eres la misma persona que eras antes de recibir a Cristo. ¿Por qué? Porque ahora él te está mostrando las cosas de la vida que le complacen y, más importante aún, te está impulsando a *desear* hacer tuyas estas nuevas virtudes. Este es el tipo de cambio sobrenatural que surge de lo más profundo de tu ser.

En cierta ocasión un comunista, en su discurso en un parque, prometió un *abrigo* a cada oyente que adoptara su doctrina política. Al finalizar, un cristiano pidió que le dieran el mismo tiempo para hablar. Contestó a aquella oferta prometiendo que Dios ¡pondría un *hombre* nuevo en cada abrigo si se arrepentían de sus pecados y depositaban su fe en Jesucristo!

El mundo se interesa ante todo en abrigos nuevos y mejores, ¡pero Dios se interesa en que todos sean hombres nuevos y mejores!

En el Nuevo Testamento, cuando Zaqueo, el odiado cobrador de impuestos, se convirtió en discípulo de Cristo, volvió a la misma casa en la misma ropa el mismo día, pero era un hombre nuevo. Había ocurrido un cambio interior. ¡Había comenzado una nueva vida!

El mensaje cristiano es siempre *buenas nuevas.* Cuando alguien decide que de veras quiere cambiar, ¡qué alegría es saber que Dios ya ha provisto la manera de lograrlo!

Mi percepción bíblica	*Oración*
Has hecho de mí una nueva creación porque te pedí que entraras en mi vida.	*Gracias, Padre, por el cambio que efectuaste en mí desde que acepté tu salvación.*

MOMENTO DEVOCIONAL 5

¿Qué relación tienen las obras con el proceso de desarrollo espiritual? Si la salvación es un regalo de Dios, ¿cuál es mi responsabilidad?

El apóstol Pablo escribió en cierta ocasión: *No nos cansemos, pues, de hacer el bien; porque a su tiempo cosecharemos, si no desmayamos* (Gálatas 6:9).

Es natural que uno se canse por la energía que gasta en hacer el bien. El Señor mismo se cansó en muchas ocasiones, pero *cansarse de hacer el bien no* es una opción aceptable para el creyente. Somos llamados a seguir su ejemplo de constante servicio. El dijo: *El que cree en mí, él también hará las obras que yo hago* (Juan 14:12b).

En cierta ocasión un público de la alta sociedad, vestido de gala, esperaba ansioso el comienzo de un concierto de Ignacio Paderewski, famoso compositor y pianista. Un niñito, inquieto de tanto esperar, se escapó de sus padres, subió al escenario y empezó a tocar una sencilla tonada en el piano de cola. Oyendo las exclamaciones de ira del público por lo que estaba pasando, Paderewski se apuró a salir a escena aun sin ser anunciado. Se inclinó sobre el muchachito y empezó a tocar una hermosa melodía de contrapunto que armonizaba con aquella sencilla tonada. A medida que tocaba, susurró en el oído del pequeño: "Vas bien. Sigue tocando; no te detengas."

Tus primeros intentos por servir al Señor pueden parecerte sencillos y vacilantes, pero puedes estar seguro que tu voluntad por hacer el bien se verá coronada con el éxito si sigues fielmente.

Este es el resumen del mensaje que tenemos de Dios: ¡No te detengas! Si eres incomprendido, haz el bien; si no te aprecian, haz el bien; si estás cansado de años de trabajo altruista, ¡sigue haciendo el bien! ¡No dejes de hacer mi obra en el mundo!

Mi percepción bíblica	*Oración*
Ahora que soy de Cristo, quiero encontrar alguna manera de servir a Dios por amor.	*Padre, te ruego que me muestres alguna manera en que puedo ser de ayuda en tu iglesia.*

MOMENTO DEVOCIONAL 6

¿Por qué concurrir a la iglesia?

Hebreos 10:24, 25 dice: *Considerémonos los unos a los otros para estimularnos al amor y a las buenas obras. No dejemos de congregarnos, como algunos tiene por costumbre; más bien, exhortémonos.*

Cuando los creyentes nos congregamos para rendirle culto a Dios, *compartimos* nuestra fuerza, fe y comprensión. Es en esta comunión que procuramos crecer en imitación de Cristo. La iglesia no es un *lugar*, es un grupo de personas perdonadas que intentan cumplir el plan de Dios para sus vidas.

Alentar — Qué palabra poderosa. Es la base del amor fraternal. Los creyentes son llamados a reunirse con el propósito de estimularse unos a otros *al amor y a las buenas obras.* Tenemos que apoyarnos cuando aparecen los problemas y recalcar la importancia de los puntos fuertes y las habilidades mutuas.

Los gigantescos árboles de secoya del Oeste de los Estados Unidos se cuentan entre los más antiguos y grandes del mundo. Muchos han permanecido en pie durante siglos aun ante los embates de la naturaleza. Pero, ¿cuál es el secreto de su gran resistencia? No es que sus raíces sean profundas; en realidad tienen un sistema de raíces superficiales para su tamaño. La respuesta radica en el hecho de que estos enormes árboles están lo suficientemente cerca el uno del otro como para que se entrelacen sus raíces. Este *lazo* de unidad les da la habilidad de permanecer intactos antes las tormentas por más violentas que sean.

¡La maravillosa resistencia de la iglesia, a pesar de tremendas persecuciones, testifica de la importancia de estudiar la Palabra de Dios, orar, cantar, reír y aun llorar juntos!

Mi percepción bíblica	*Oración*
Es muy importante que yo concurra a la iglesia.	*Padre, gracias por los hermanos en mi iglesia y por la ayuda que me brindan.*

MOMENTO DEVOCIONAL 7

¿Qué nos enseña la Biblia sobre la administración del tiempo?

Toda la ciudad estaba reunida a la puerta. Y él sanó a muchos que padecían de diversas enfermedades...[y al día siguiente] muy de madrugada, todavía de noche, Jesús salió y se fue a un lugar desierto y allí oraba (Marcos 1:33, 34a, 35).

Fue después de un día de intenso ministerio que Jesús se levantó temprano para pasar un tiempo a solas con su Padre Celestial. Cuando tengas días ajetreados, reflexiona en su ejemplo. Nota que vivió de acuerdo con una serie de *prioridades* que no coincidían con el resto del mundo. *Cada actividad*, aun las actividades *para* Dios, tenían que ocupar un segundo lugar ante su tiempo a solas *con* Dios.

¿Qué sucedería si decidieras vivir de esa manera? Disfrutarías de las extraordinarias cualidades de paz, seguridad y sabiduría que caracterizan a los que establecen sus prioridades siguiendo el ejemplo de Jesús.

En el Nuevo Testamento, una mujer llamada Marta en una ocasión trabajaba mucho sirviendo al Señor como su anfitriona, mientras que María, su hermana, se quedaba sentada a los pies de él escuchando sus enseñanzas. ¿Por qué felicitó Jesús a María diciendo que ella había *escogido la buena parte?* (Lucas 10:42b). Porque ella valoraba el *tiempo* con él de la misma manera que él valoraba su *tiempo* con su Padre.

Para ser realmente eficaz en el servicio cristiano, tienes que aprender a *distinguir* entre lo *bueno* y lo *mejor.* Aun las actividades meritorias empezarán a ocupar el segundo lugar ante tu tiempo a solas con Dios. Cuanto más adelantas, más querrás dedicarte a la lectura de la Biblia y la oración.

Mi percepción bíblica	*Oración*
Tengo que hacer que el tiempo de estar con Dios cada mañana sea siempre una prioridad.	*Ayúdame, Padre, a ser disciplinado y consecuente en dedicarte un momento cada mañana para estar contigo a fin de seguir desarrollándome espiritualmente.*

MOMENTO DEVOCIONAL 8

¿Qué pasa si peco ahora que soy salvo?

En primer lugar, es importante recordar que la muerte del Señor en la cruz fue más que suficiente para pagar por cualquier pecado que hayas cometido o que cometerás. En segundo lugar, la Palabra de Dios afirma que él nos ama y quiere que disfrutemos de una *vida abundante* cada día. Por esto quiere que llevemos a él nuestros pecados el mismo instante cuando ocurran. 1 Juan 1:9 dice: *Si confesamos nuestros pecados, él es fiel y justo para perdonar nuestros pecados y limpiarnos de toda maldad.*

¿Qué significa *confesar* nuestros pecados? Significa *coincidir* con Dios en oración con respecto a cualquier actitud, motivación o acción que le desagrada. Cuando sinceramente procuras *renunciar* a tu pecado, él está listo para perdonarte y limpiarte. Por medio de esta limpieza constante, tu comunión con Dios se conservará intacta, y experimentarás plenamente *el gozo de tu salvación.*

Dios no sólo *perdona* nuestro pecado cuando lo confesamos sinceramente, sino que también *limpia* y *purifica* nuestro corazón. ¡Esta es su promesa!

Los siguientes son cinco tipos de oraciones para tener en cuenta al escribir tu oración cada mañana:

> *Petición:* "Señor, ayúdame a..."
> *Gratitud:* "Señor, gracias por..."
> *Adoración:* "Señor, tú eres..."
> *Confesión:* "Señor, por favor perdóname..."
> *Intercesión:* "Señor, intercedo por..."

Discípulo: Apunta a continuación tu propia percepción bíblica y oración.

Mi percepción bíblica	*Oración*

MOMENTO DEVOCIONAL 9

¿Qué pasa si Dios quiere que haga algo y a mí me parece que no puedo?

El apóstol Pablo dijo: *¡Todo lo puedo en Cristo que me fortalece!* (Filipenses 4:13).

La suficiencia de Cristo es cosa segura para cada uno de sus discípulos. El dijo: *En el mundo tendréis aflicción, pero ¡tened valor; yo he vencido al mundo!* (Juan 16:33b). Cuando Dios te guía a intentar algo que parece imposible, es simplemente su manera de ayudarte a madurar espiritualmente.

El Señor *nunca* te llama a realizar una tarea a menos que *él mismo* ya se haya comprometido a llevarla a cabo *por tu intermedio*. En Cristo, nunca estás limitado a tus propios recursos.

Después que un terrible ciclón devastó a un pueblo en Texas, apareció una fotografía extraordinaria en primera plana del periódico. ¡Mostraba un trozo de paja insertado profundamente en un poste telefónico! Bajo circunstancias normales, esto nunca hubiera podido suceder pero, por el impulso del poderoso ciclón, la frágil paja ¡logró lo imposible!

A veces te maravillarás al ver cómo el Señor te empieza a fortalecer. Antes eras demasiado tímido, demasiado débil o demasiado fracasado para servirle, pero ahora eres su vaso escogido ¡llamado a una vida victoriosa!

Mi percepción bíblica   *Oración*

MOMENTO DEVOCIONAL 10

¿Cómo puedo empezar a servir a Dios aunque sea en cosas pequeñas?

Las palabras son *importantes*. Proverbios 15:1 dice: *La suave respuesta quita la ira, pero la palabra áspera aumenta el furor.* Lo que decimos puede lograr mucho *bien* o hacer mucho *mal*.

¿Cuando fue la última vez que heriste a alguien con algo que dijiste? ¿Recuerdas el remordimiento y dolor que sentiste después al pensar en tus palabras desconsideradas? Dice la Biblia: *Pues fieras y aves, reptiles y criaturas marinas de toda clase pueden ser domadas, y han sido domadas por el ser humano. Pero ningún hombre puede domar su lengua* (Santiago 3:7, 8a).

Considera el testimonio de Isaías 50:4: *El Señor Jehovah me ha dado una lengua adiestrada para saber responder palabra al cansado.*

¡Qué privilegio es hablar cuando se necesita una palabra acertada! Nadie puede comprender totalmente el impacto positivo que puede tener un comentario dicho justo en el momento que se necesitaba.

De muchacho, un escritor que llegó a ser uno de los más reconocidos en Norteamérica, tenía un concepto muy bajo de sí mismo. Un día en clase, la maestra le devolvió su composición con estas palabras escritas en la parte superior de la página: ¡Henry Wadsworth Longfellow! (Nombre de un gran poeta estadounidense.) Estas tres palabras de aliento fueron un desafío que llegó a ser el móvil de su vida.

Mi percepción bíblica   *Oración*

MOMENTO DEVOCIONAL 11

¿Recuerdas haber enfrentado una tentación que te parecía irresistible? ¿Te has preguntado alguna vez si los demás enfrentan tentaciones como ésa?

Pablo da la respuesta a estas preguntas: *No os ha sobrevenido ninguna tentación que no sea humana; pero fiel es Dios, que no os dejará ser tentados más de lo que podéis soportar, sino que juntamente con la tentación dará la salida, para que la podáis resistir* (1 Corintios 10:13).

La Biblia declara claramente que *enfrentarás tentaciones*. Ser creyente no cambia esto, pero sí cambia la manera como reaccionarás al ser tentado. Recuerda que hay mucha diferencia entre tentación y pecado. Ser *tentado no es* un pecado. Tentación es sentirse incitado a hacer algo que no es la voluntad de Dios. Pecado es la decisión intencional de ceder a esa tentación.

Este versículo contiene tres realidades para recordar cuando enfrentes una tentación. *Primero, no* estás *solo* en tu batalla. *Segundo*, Dios no *dejará* que seas tentado más allá de lo que eres capaz de resistir. *Tercero*, Dios *siempre* da *una salida* cuando eres atacado. Ninguna tentación es irresistible. La cuestión es: "¿Estás *dispuesto* a tomar la salida?"

Filipenses 4:13 dice: *Todo lo puede en Cristo*. Esto incluye escoger el camino correcto cuando resulta difícil hacerlo. Cada vez que se presenta una tentación, lo primero que tienes que buscar es la "salida" Cuando estás *dispuesto* a buscarla, ¡contarás con el poder que necesitas para apoyar tu decisión correcta!

Mi percepción bíblica	*Oración*

MOMENTO DEVOCIONAL 12

¿Qué tropiezos comunes debo evitar en mi camino espiritual?

En este mundo egoísta, te sentirás constantemente tentado a alabarte a ti mismo. Cuando el apóstol Pablo predicó en la ciudad de Corinto, tuvo una tentación así por lo que conscientemente planeó ensalzar a Cristo y no a sí mismo. Por eso escribió: *Me propuse no saber nada entre vosotros, sino a Jesucristo, y a él crucificado* (1 Corintios 2:2).

Este concepto fue hermosamente ilustrado cuando un misionero de muchos años visitó a amigos suyos en Tailandia. En el centro de la mesa del comedor había una magnífica orquídea. Durante la comida, hubo varios comentarios sobre la extraordinaria flor. Al poco tiempo de retirarse de la casa, el misionero le preguntó a los demás huéspedes si recordaban el florero en el cual se lucía la orquídea. ¡Nadie lo había notado! El florero había sido totalmente eclipsado por la *hermosura* de la bella flor.

Cuando te encuentras en condiciones espirituales óptimas, la *atención* de los que te rodean se centrará en el Señor, no en ti. Es el calor de la presencia de *él* lo que recordarán.

¿Qué impresión das cuando recibes un reconocimiento o un cumplido? ¿Te apropias del elogio o se lo pasas a Jesús? Recuerda que la misión de tu vida es hacer que el mundo lo note a él.

Mi percepción bíblica   *Oración*

MOMENTO DEVOCIONAL 13

Vosotros sois la luz del mundo... Así alumbre vuestra luz delante de los hombres, de modo que vean vuestras buenas obras y glorifiquen a vuestro Padre que está en los cielos (Mateo 5:14a, 16).

La Biblia llama *luces* y *lámparas* a los creyentes. En todo el mundo, la luz tiene el mismo propósito: ¡Disipa las tinieblas!

En cierta ocasión, una mujer se acercó a su pastor quejándose de la fábrica donde trabajaba. Quería renunciar porque casi todos los empleados eran inconversos y boca sucias. El pastor le escuchó, y le preguntó: "¿Dónde se colocan las luces?" Haciendo caso omiso a la pregunta, siguió quejándose de las fiestas indecentes, las bebidas y los chistes de doble sentido. Nuevamente preguntó él: "¿Dónde se colocan las luces?"

Aunque intrigada por su respuesta, la mujer pasó a contarle que algunos de sus colegas también andaban en relaciones inmorales. Por tercera vez él preguntó: "Pero, ¿dónde se colocan las luces?" Irritada, ella contestó: "No sé *dónde* se colocan las luces. ¡Supongo que en lugares oscuros!" De pronto, se dio cuenta de lo que él procuraba hacerle entender.

La actitud de esta mujer cambió cuando cayó en la cuenta que había sido llamada a ser la *luz de Cristo* en un ambiente oscuro.

Mi percepción bíblica   *Oración*

MOMENTO DEVOCIONAL 14

Hicisteis bien en participar conmigo en mi tribulación... Porque aun a Tesalónica enviasteis para mis necesidades una y otra vez (Filipenses 4:14, 16).

Tenemos *dos* lecciones importantes para aprender de estos versículos. En primer lugar, como creyentes hemos de ayudar a los que sufren necesidad y, en segundo lugar, como lo demuestra Pablo, hemos de expresar *gratitud* cuando nos ayudan a nosotros.

Una helada noche de invierno, Nat Spencer y su hermano, estudiantes seminaristas, caminaban por la orilla del Lago Michigan. De pronto, vieron a la distancia que un barco empezaba a hundirse. A los pocos instantes, ¡sus 323 pasajeros estaban en el agua helada!

Los hermanos Spencer eran fuertes y buenos deportistas, y Nat era un nadador eximio. Tomando una soga en su mano, valientemente nadó hasta el barco que se hundía. Luchando contra el agua helada una y otra vez pudo rescatar a 23 personas con su heroico esfuerzo pero, debido a su sacrificio, quedó inválido para el resto de su vida. ¿No hubiera sido lógico que aquellos a quienes rescató se *dedicaran* a suplir sus necesidades? ¡Qué tragedia que jamás tuvo noticias ni siquiera de *uno* de ellos! Nat cumplió su parte, pero 23 personas *nunca* se molestaron por expresar su agradecimiento.

Mi percepción bíblica   *Oración*

103

MOMENTO DEVOCIONAL 15

De la manera que habéis recibido a Cristo Jesús el Señor, así andad en él (Colosenses 2:6).

Al principio, recibiste a Cristo *por fe*; ¡*sigue* disfrutando de ese gozo!

Hace años, un muchachito le rogó a su padre que lo dejara ir al circo que había llegado a su pueblo. Después de que el niño cumpliera con sus obligaciones, su papá le dio dinero para la entrada y le dio permiso para que fuera. Al ir llegando al lugar donde se había levantado la enorme carpa, se encontró con el desfile inaugural del circo. Cuando pasó a su lado el último payaso, el niño le puso en la mano el dinero y regresó a su casa contento, creyendo que había visto la función. A muchos creyentes les pasa lo mismo que a aquel muchachito; ¡confunden el principio con el fin!

El nuevo nacimiento es sencillamente la puerta de entrada a una nueva vida. Al ir aprendiendo a *andar por fe*, tu vida se llenará de nuevos y maravillosos descubrimientos. Nunca te conformes con sencillamente recordar tu conversión. Aprende a andar con él y a correr con él. Ten por seguro que lo mejor *siempre* está en el porvenir.

Pablo lo expresó de esta manera: *Olvidando lo que queda atrás y extendiéndome a lo que está por delante, prosigo a la meta hacia el premio del supremo llamamiento de Dios en Cristo Jesús* (Filipenses 3:13b, 14). Vivía para el futuro, no el pasado.

Mi percepción bíblica   *Oración*

MOMENTO DEVOCIONAL 16

Lee Salmos 27:11; 31:3; 32:8.

Dios le ha dado a todos sus hijos redimidos la Biblia y el Espíritu Santo que mora en ellos. ¿Para qué? Para que podamos *saber* y *cumplir* su voluntad. Escucha su promesa: *Te haré entender y te enseñaré el camino en que debes andar. Sobre ti fijaré mis ojos* (Salmo 32:8).

Dios no nos ha puesto en un océano sin un compás, ni nos ha mandado de viaje sin darnos un mapa. Al contrario: sabemos *quiénes* somos, *por qué* estamos aquí y *a dónde* vamos.

La Biblia nos enseña sobre el ministerio del Espíritu Santo, y es el Espíritu Santo quien nos capacita para comprender la Biblia. Por ello, necesitamos la ayuda *combinada* de ambos para discernir claramente la dirección de Dios.

Adquirimos conocimiento, sabiduría y entendimiento por medio de la lectura bíblica; pero la seguridad y la paz interior que por lo general acompañan a nuestra obediencia son obra del Espíritu Santo.

¿Notas el *equilibrio*? Si estás desproporcionado por leer poco la Biblia pero te pasas mucho tiempo en oración, o viceversa, te será difícil discernir la voluntad de Dios.

Mi percepción bíblica   *Oración*

MOMENTO DEVOCIONAL 17

Lee Mateo 28:18-20.

Esas fueron las indicaciones finales de Jesús a sus discípulos antes de volver al cielo. En base a su autoridad, tanto ellos como nosotros recibimos el mandato de *hacer discípulos* alrededor del mundo.

La clara percepción de Pablo de que estaba autorizado para servir al Señor es un ejemplo vivo para cada creyente. Considera en el siguiente pasaje el profundo sentir de su compromiso: *Somos embajadores en nombre de Cristo... rogamos en nombre de Cristo: ¡Reconciliaos con Dios!* (2 Corintios 5:20).

Es posible que nunca te pidan que seas el portavoz del presidente o que tengas el poder del estado que te sostenga pero, como creyente, tienes un privilegio muchísimo mayor. En tu casa, comunidad y todo lugar donde ejerces tu influencia, eres representante de Cristo. Tu misión es llamar a todos a volver a Dios y hacer discípulos para Jesucristo.

Cuando descubrieron a un joven soldado llamado Alejandro descuidando sus obligaciones, lo llevaron ante Alejandro Magno. El poderoso conquistador miró al soldado y le dijo: ¡Cambias tu comportamiento o te cambias el nombre! Cuando representas a Cristo y llevas su nombre, tu autoridad depende de tu sentido de responsabilidad.

Mi percepción bíblica   *Oración*

Aplicación: Entonces haré...

MOMENTO DEVOCIONAL 18

Lee Deuteronomio 6:5-7.

Hemos sido llamados a amar a Dios de todo corazón y a enseñar fielmente a nuestros hijos a hacer lo mismo. Qué afortunados somos porque este mandato divino es a la vez una invitación al *gozo*. ¡Es por guardar el primer mandamiento que sentimos una felicidad espontánea!

Es por esto que Juan pudo decir: *Sus mandamientos no son gravosos* (1 Juan 5:3b). El que nos pidan hacer algo de lo cual realmente disfrutamos nunca es gravoso. Imagínate que te pidan que le sientas el aroma a tu flor favorita, que comas tu postre favorito o que escuches tu música favorita. ¿Te negarías hacerlo?

Amar a Dios es siempre y por encima de todo, más dulce que cualquier relación humana. ¿Por qué? Porque *nunca* te mal interpreta, ni te maltrata, ni te olvida, ni te abandona. ¡Siempre es benigno, misericordioso y sobreabundante con la vida! Nunca te avergonzará con alguna impureza ni te decepcionará con un carácter cambiante. Ha prometido ser consecuentemente santo, ser el mismo *ayer, hoy y por los siglos* (Hebreos 13:8).

Se dice que el respeto es el mejor fundamento sobre el cual edificar un amor duradero. Teniendo esto en mente, considera *por cuánto tiempo* y *con qué profundidad* puedes amar a Dios.

Mi percepción bíblica	*Oración*

Aplicación: Entonces haré...

MOMENTO DEVOCIONAL 19

Lee tres veces 1 Corintios 6:19, 20.

¡Medita silenciosamente en la extraordinaria verdad de que Cristo vive *en* ti! *Con Cristo he sido juntamente crucificado; y ya no vivo yo, sino que Cristo vive en mí. Lo que ahora vivo en la carne, lo vivo por la fe en el Hijo de Dios, quien me amó y se entregó a sí mismo por mí* (Gálatas 2:20).

La vida cristiana, comprendida correctamente, no es cuestión de vivir *para* Cristo, sino dejar que Cristo viva su vida abundante *por medio* tuyo. Tú estás muerto. Es decir, los pecados que antes te tenían cautivo han sido *crucificados con Cristo.* Tu *yo* antiguo, puramente humano, ya no vive. La vida de fe que ahora tienes surge de su presencia *en tu interior.* De afuera, pareces el mismo pero, adentro, tienes una vida nueva que ha estado presente desde el momento que invitaste a Cristo a residir en tu corazón.

La vida cristiana no se trata de cumplir una serie de reglamentos para complacer a Dios, ni se trata de una filosofía. Es la obra del Espíritu de Dios en nuestra vida. Pero es por esto que al inconverso le resulta tan difícil entender la Biblia. La Biblia dice: *El hombre natural no acepta las cosas que son del Espíritu de Dios, porque le son locura* (1 Corintios 2:14a).

Vivir la vida cristiana sin que more en nosotros el poder de Cristo es imposible. Por eso la Biblia declara: *Cristo en vosotros, la esperanza de gloria* (Colosenses 1:27). Es el hecho de que él está *en* ti lo que hace que tu vida cristiana sea una *realidad.*

Mi percepción bíblica	*Oración*

Aplicación: Entonces haré...

MOMENTO DEVOCIONAL 20

Lee Colosenses 1:9-12.

¿Has orado por alguien sin saber lo que realmente necesitaba?

La petición principal de la oración de Pablo a favor de sus hermanos creyentes era que fueran llenos del conocimiento de la *voluntad de Dios*. ¿Por qué? Porque esto es lo que cada ser humano necesita. ¡Vivir dentro de la voluntad de Dios es el secreto de la felicidad en esta vida y la clave para poder recibir un: *Bien, buen siervo y fiel* en la próxima!

La oración de intercesión se centra en ayudar a poner a alguien dentro de la voluntad de Dios en algún aspecto específico de su vida. Aparte de esto, presenta necesidades de todo tipo ante el Señor. Ningún tema es demasiado insignificante ni demasiado importante como para dejar de interceder por él; si el problema te pesa a ti, le pesa a tu Padre Celestial.

El Apóstol oró pidiendo que sus hermanos creyentes recibieran sabiduría y entendimiento. Para los perdidos oró: *El deseo de mi corazón y mi oración a Dios por Israel es para salvación* (Romanos 10:1). Si tienes amigos creyentes, ora por sus necesidades espirituales y físicas. Si tienes amigos inconversos, pide al Señor que, en su gracia, los convenza de sus pecados.

Durante más de cincuenta años, Jorge Mueller, reconocido por su ministerio de intercesión, oró por cinco amigos inconversos. Después de cinco años, el primero aceptó a Cristo como su Salvador. Después de diez años, dos más lo hicieron. Mueller perseveró por veinticinco años y el cuarto amigo fue salvo. Cuando el quinto amigo recibió a Cristo, ¡Mueller, que tanto oró por él, ya estaba en la presencia del Rey! Cincuenta y dos años de oración intercesora había producido su fruto eterno.

Mi percepción bíblica	*Oración*

Aplicación: Entonces haré...

MOMENTO DEVOCIONAL 21

Lee 1 Tesalonicenses 5:12-18.

Estad siempre gozosos. Orad sin cesar. Dad gracias en todo, porque ésta es la voluntad de Dios para vosotros en Cristo Jesús (1 Tesalonicenses 5:16-18).

¿Cómo es posible todo esto? Como creyentes, podemos estar *siempre gozosos* porque nuestro gozo no surge de circunstancias *externas*, sino de la presencia de Cristo que *mora en nosotros*. Tenemos el privilegio singular de experimentar el calor del amor divino y su *paz... que sobrepasa todo entendimiento* (Filipenses 4:7). Nuestro *gozo* es sencillamente uno de los resultados de esta calidad especial de comunión con el Padre.

Esta expresión *orad sin cesar* no significa de hecho estar diciendo tus oraciones sin parar, sino más bien mantener un espíritu de oración que satura cada parte de tu día. Mientras vas en tu auto, trabajas en la cocina, cortas el césped o haces ejercicio físico, puedes disfrutar de un diálogo interior con Dios y tener plena conciencia de su presencia.

Quizá entiendas mejor este concepto cuando te detienes para considerar la parte que ocupa, en una buena conversación, el hecho de escuchar. La oración es una maravillosa conversación ¡de ida y vuelta! en que tú puedes hablarle a Dios y él te puede hablar a ti; nadie más sabrá lo que conversan a menos que tú quieras que lo sepan. Después de unos meses, también descubrirás que cuanto mejor lo conoces, más natural te resultará orar continuamente.

Dad gracias en todo no significa que hemos de agradecer a Dios *por* todo lo que nos pasa, sino vivir en una actitud llena de fe de modo que podamos dar gracias *en* cada circunstancia que nos toca vivir.

Mi percepción bíblica	*Oración*

Aplicación: Entonces haré...

MOMENTO DEVOCIONAL 22

Lee 1 Pedro 3:13-15.

Es probable que ya hayas sido objeto de críticas o que hayas sufrido por una u otra razón pero, ¿ha sido por *causa de la justicia*? La Biblia dice: *Gozaos a medida que participáis de las aflicciones de Cristo... Cuando sois injuriados en el nombre de Cristo, sois bienaventurados; porque el glorioso Espíritu de Dios reposa sobre vosotros* (1 Pedro 4:13a, 14).

Cuando los primeros cristianos eran azotados por hablar del Señor, salían *regocijándose porque habían sido considerados dignos de padecer afrenta por causa del Nombre* (Hechos 5:41b).

Es probable que te llamen ¡santulón!, ¡loco! y muchas cosas más cuando defiendes a Cristo. Jesús lo predijo al decir: *El siervo no es mayor que su señor* (Juan 13:16). Viviendo como hombre sobre esta tierra, fue llamado blasfemo, glotón, endemoniado. ¿Por qué? Porque trajo luz a las tinieblas y *todo aquel que practica lo malo aborrece la luz, y no viene a la luz, para que sus obras no sean censuradas* (Juan 3:20).

El Señor dijo: *Vosotros sois la luz del mundo.* Sólo a los que están contentos con lo que hacen les gusta la luz. Detente a considerar cuántos crímenes, cuántas borracheras e inmoralidades ocurren bajo el velo de la oscuridad. Es fácil entender por qué usó esta ilustración.

1 Pedro 3:17 tiene un mensaje para nosotros: *Porque es mejor que padezcáis haciendo el bien, si la voluntad de Dios así lo quiere, que haciendo el mal.* ¡Ser perseguido por lo que hace en la luz es una forma de sufrimiento perfectamente *aceptable* para el creyente!

Mi percepción bíblica	Oración

Aplicación: Entonces haré...

MOMENTO DEVOCIONAL 23

Lee tres veces Proverbios 15:16, 17.

"Es mejor lo poco" es una frase contraria al pensamiento actual sobre el éxito.

Nos olvidamos que Jesús dijo: *La vida de uno no consiste en la abundancia de los bienes que posee* (Lucas 12:15b). En la iglesia primitiva, pocos creyentes eran de la nobleza, o ricos o de alta posición. Era el pueblo común el que escuchaba con gusto el mensaje de Jesús.

Si la felicidad fuera el resultado de tener *mucho*, entonces las drogas, el alcoholismo, las úlceras y el divorcio serían menos comunes entre los ricos de nuestra sociedad. Es todo lo contrario: los grandes tesoros sin reverencia a Dios sólo producen problemas y libertinaje.

La Biblia nos advierte que *el amor al dinero es raíz de todos los males* (1 Timoteo 6:10a). Si la raíz del pecado humano es el materialismo, entonces, ganar más sólo *aumenta* su problema. ¡La clave para gozar de prosperidad no se encuentra en la prosperidad misma! Mas bien, proviene de la satisfacción de *ver* a Dios cumplir su voluntad por medio de lo que él ha puesto en tus manos.

Sea ésta tu meta: amar a Dios, no al dinero, no codiciar la manera de vivir de los que, a tu alrededor, aman el dinero. Jesús dijo: *Buscad primeramente el reino de Dios y su justicia, y todas estas cosas os serán añadidas* (Mateo 6:33).

¡Gran noticia! Cuando hayas hecho de Cristo tu Señor y hayas admitido que es dueño de tu vida, tu gozo será *igualmente grande*, ¡ya sea que poseas poco o mucho de los bienes de este mundo!

Mi percepción bíblica	*Oración*

Aplicación: Entonces haré...

MOMENTO DEVOCIONAL 24

Lee Mateo 13:44-46.

Jesús dijo que el reino de los cielos es como un tesoro valioso; algo de suprema calidad, cuyo valor es equivalente a todo lo que uno posee. En otra ocasión comparó sus *enseñanzas* a las perlas y advirtió a sus discípulos que no dieran cosas de valor a quienes no están espiritualmente preparados para recibirlas. Es por esta razón que el Señor dijo tantas veces: *El que tenga oídos para oír, oiga.* Diciendo esto da a entender: ¡Si puedes apreciar el valor de esta verdad espiritual, entonces escucha lo que estoy por decir! Hoy tenemos el mismo desafío cada vez que leemos la Biblia o escuchamos un sermón.

Una fábula famosa cuenta de tres hombres que viajaban en el desierto durante la noche. A la luz de las estrellas se encontraron con un desconocido quien les dijo que estarían alegres y tristes al mismo tiempo si llenaban sus bolsillos y alforjas con las piedras de un río cercano. Esto despertó la curiosidad de los viajeros, pero también su desconfianza, así que cuando llegaron al río tomaron sólo unas pocas piedras. A la mañana siguiente, se sintieron ¡alegres y tristes al mismo tiempo! tal como el desconocido les había dicho. ¡Las piedras se habían convertido en *perlas* exquisitas! Estaban alegres por las piedras que habían tomado, pero *tristes* por las que habían dejado.

El precio de obtener discernimiento espiritual no tiene nada que ver con dinero. El *tiempo* es la "etiqueta de precio" de esta inversión de valor permanente.

Discípulo: Notarás que ya no aparecen los pequeños espacios en blanco al pie de la página. Ya puedes comenzar a usar dichos espacios en tu *Diario Espiritual,* bajo la Sección de Momentos Devocionales en la página 20.

MOMENTO DEVOCIONAL 25

Lee 2 Timoteo 3:16, 17.

La escritura de la Biblia realmente fue inspirada por Dios. La expresión "inspirada" o "del aliento de Dios" significa que procedió de la boca de Dios y es lo que él quería escrito. Estos versículos presentan cuatro ministerios valiosos de la Biblia.

1. *Enseñanza* - Muestra el plan de Dios para tu vida.
2. *Represión* - Te llama la atención cuando pecas.
3. *Corrección* - Te muestra cómo corregir tus errores.
4. *Instrucción en justicia* - Te muestra cómo evitar el pecado en el futuro.

Por ejemplo, cuando leas la Biblia el lunes, quizá necesites *corrección* debido a alguna mala decisión. Pero el martes a lo mejor estés listo para que Dios te *enseñe* algo totalmente nuevo.

Aunque vivieras cien años y leyeras la Biblia todos los días, sus aplicaciones seguirían siendo siempre prácticas. Billy Graham ha comentado que ha estado orando acerca de ciertos pasajes por 25 años sin llegar a entender totalmente su significado. Sin embargo, cuando el Señor sabía que él necesitaba una explicación, el significado de ese pasaje se abría como un pimpollo hermoso que florece a su debido tiempo.

La Biblia afirma ser la Palabra de Dios y, a través de los siglos, ha probado serla. Dale el lugar de honor sagrado y santo que legítimamente se merece. Jesús dijo: *El cielo y la tierra pasarán, pero mis palabras no pasarán* (Mateo 24:35).

MOMENTO DEVOCIONAL 26

Lee 2 Corintios 9:6-13.

El dinero es un tema delicado sólo para quienes creen poseerlo. La Biblia nos recuerda que *de Jehovah es la tierra y su plenitud, el mundo y los que en él habitan* (Salmo 24:1).

Esto simplemente significa que la ropa que usas, tu casa, el dinero en tu cuenta de banco y aun el mismo suelo que pisas son exclusivamente de él. En cuanto comprendes esto, el ministerio de dar adquiere un nuevo cariz.

¿Dios meramente nos está permitiendo a ti y a mí el privilegio de participar en algo que él disfruta inmensamente!

Dios es dador y, como tu Padre, quiere que seas como él. El da abundantemente y quiere enseñarte cómo disfrutar de esa libertad.

Dios quiere "multiplicar tu sementera" y enriquecer tu vida a través de tu dadivosidad. La Biblia dice: *Y poderoso es Dios para hacer que abunde en vosotros toda gracia, a fin de que, teniendo siempre en todas las cosas todo lo necesario, abundéis para toda buena obra* (2 Corintios 9:8).

¿Todavía das a *regañadientes*? ¿Por qué? No debiera ser difícil dar algo que nunca fue tuyo. Pídele al Señor que te recuerde que nada es tuyo y, después, comienza a confiar en él para poder dar con verdadero gozo.

Detente a mirar el lugar donde guardas tu dinero. Te dirá mucho. La Biblia dice: *Porque donde esté tu tesoro, allí también estará tu corazón* (Mateo 6:21). Lo que das es la medida práctica de tu deseo de ser como tu Padre Celestial.

MOMENTO DEVOCIONAL 27

Lee 1 Pedro 5:8, 9.

A pesar de que Satanás es un *enemigo derrotado* esperando su destrucción final, todavía tiene *poder temporario* para influir sobre la vida del creyente y del inconverso aquí en la tierra. Pedro lo describe como *un león rugiente*, buscando agresivamente a su presa. En el contexto actual, con su pornografía desvergonzada, con la criminalidad en vertiginoso ascenso, el lenguaje blasfemo y obsceno en los medios de difusión y las siempre presentes amenazas de guerra, su presencia y actividad son más evidentes que nunca.

La Palabra de Dios para estas circunstancias es: *Resistid al diablo, y él huirá de vosotros* (Santiago 4:7b). Quizá estés pensando: ¿Cómo puedo hacer esto? No podemos enfrentar a Satanás con nuestras propias fuerzas pero, con el poder de Dios obrando en y a través de nosotros, sí podemos *hacer frente a las intrigas del diablo* (Efesios 6:11b). Romanos 8:31b nos dice claramente: *Si Dios es por nosotros, ¿quién contra nosotros?* Como la mayoría de los bravucones, Satanás se acobarda cuando la lucha se pone brava. A través de la historia, han sido los cristianos quienes han tomado una posición firme ante problemas sociales y morales. ¡Hemos sido llamados a ser sal y luz en la sociedad!

En lo personal, tú puedes decidir *de antemano* no ceder a las tentaciones de Satanás y reafirmar diariamente tu decisión. Resistir las tentaciones se convertirá en tu manera de vivir. Cada victoria será la base para más desarrollo espiritual.

MOMENTO DEVOCIONAL 28

Lee tres veces Filipenses 1:6.

Cuando recibiste a Cristo como tu Señor, entraste dentro de la voluntad de Dios. Ahora él quiere hacer algo de valor duradero en tu vida y a través de ella. Su objetivo divino es mantenerte *en un proceso* de cambios positivos hasta alcanzar tu máxima potencialidad. En base a esta verdad, alguien ha dicho: ¡Dios nos ama tal como somos, pero nos ama *demasiado* como para dejarnos que sigamos siendo como somos!

Pablo expresa la misma seguridad: *Estando convencido de esto: que el que en vosotros comenzó la buena obra, la perfeccionará* (Filipenses 1:6a).

Porque somos hechura de Dios, creados en Cristo Jesús para hacer las buenas obras que Dios preparó de antemano para que anduviésemos en ellas (Efesios 2:10). ¡Esto significa que todos fuimos hechos para realizar un ministerio! Cada uno tiene la capacidad de decir "Sí" o "No" a ese destino.

Tú ya has tomado la decisión más grande e importante de tu vida, pero vivir obedeciendo diariamente el plan de Dios requiere una segunda clase de compromiso basada en el anhelo de *seguir creciendo espiritualmente*. Dicho de otra manera, tu sentido de satisfacción o realización dependerá de tu disposición de dejarle que cumpla en tu vida su *buena obra*.

¿Te has maravillado alguna vez ante la belleza de una mariposa? Esta comienza su vida lentamente, como un gusano, luego se transforma por medio de un proceso llamado *metamorfosis*. De la misma manera, cuando aceptaste a Cristo, Dios empezó en ti el proceso de *metamorfosis espiritual*. Reflexiona en este hecho: despacio pero seguro, ¡Dios te está transformando para reflejar la hermosura interior de su Hijo Jesucristo!

MOMENTO DEVOCIONAL 29

Lee Filipenses 4:15-20.

Los cristianos a quienes Pablo está escribiendo, le habían mandado una ofrenda para ayudarlo en su ministerio. Pablo los elogió por su generosidad la cual era *agradable a Dios*. También les recordó que Dios supliría todas las necesidades de ellos.

Tú puedes quedarte tranquilo sabiendo que Dios suplirá tu *pan de cada día* tal como lo proveyó para los creyentes en Filipo. Eso no quiere decir que puedes darte el lujo de ser perezoso y esperar que te caiga un regalo del cielo. Sí quiere decir que si eres responsable y obediente a Dios, puedes estar seguro que él te cuidará.

Tener fe es confiar. ¡Confía en su suficiencia, aun cuando no puedes ver cómo todas tus necesidades serán satisfechas!

Los padres entienden que sus hijos necesitan comida, ropa y albergue, así que se los proporcionan. El infante no se pregunta de dónde vendrá su próxima comida o qué ropa tendrá para ponerse. Aunque nunca se dé cuenta de ello, depende completamente de sus padres.

Puedes entender claramente este concepto cuando te detienes a considerarlo de esta manera: Tal como los padres terrenales se deleitan en satisfacer las necesidades de sus hijos, así nuestro Padre Celestial se deleita en satisfacer las nuestras.

MOMENTO DEVOCIONAL 30

Lee 1 Tesalonicenses 5:19-28.

Pablo dice: *Y el mismo Dios de paz os santifique por completo, que todo vuestro ser —tanto espíritu, como alma y cuerpo— sea guardado sin mancha en la venida de nuestro Señor Jesucristo. Fiel es el que os llama, quien también lo logrará* (1 Tesalonicenses 5:23, 24).

El mismo Dios que te ha llamado para que seas salvo, está en el proceso de hacerte santo. La Biblia llama a esta proceso *santificación* o *ser hechos conforme a la imagen de Cristo*. La salvación se conjuga en tres tiempos:

Tiempo pretérito	Tiempo presente	Tiempo futuro
Tu espíritu	Tu alma	Tu cuerpo
fue salvo	(o mente)	*será*
cuando	*está en proceso*	salvo
aceptaste	de ser	cuando sea
a Cristo	salvada diariamente	transformado
y naciste	a medida que	en la gloriosa
espiritualmente	eres cambiado por	segunda venida
de nuevo.	el Cristo	de Cristo.
	que vive en ti.	

La salvación se inició con un acontecimiento llamado conversión; pero, cada día tu vida intelectual, tu vida familiar, tu vida escolar, tu vida vocacional y tu vida religiosa están siendo salvadas de lo que hubieran sido sin la presencia de él en tu corazón.

Como si *esto* fuera poco, Dios tiene más para darnos. En su reino, tu cuerpo será por fin perfecto y estará fuera del alcance del sufrimiento, el envejecimiento y el pecado. ¿Cómo puede ser? Lo es porque Dios, quien te creó quiso que así fuera y se ha comprometido de que *lo hará*.

Discípulo: Ahora que has terminado con estas lecturas para tu Momento Devocional, puedes empezar a recibir tus percepciones bíblicas directamente de la Biblia. Primero, lee las páginas 6 a 7 del *Diario Espiritual*. Estas páginas te mostrarán *cómo* seguir teniendo Momentos Devocionales diarios eficaces usando la Biblia. Luego, lee la página 121 de tu *Guía del Discípulo*. Esta guía te muestra *dónde leer* para seguir disfrutando de tu Momento Devocional diario.

GUIA DE LECTURAS BIBLICAS PARA LOS MOMENTOS DEVOCIONALES

Lámpara es a mis pies tu palabra, y lumbrera a mi camino (Salmo 119:105).

Antes de seguir adelante, repase las páginas 6 y 7 en su *Diario Espiritual*. Lea los pasajes bíblicos pensando en la aplicación personal. Al leerlos cada mañana, preséntese ante el Señor con estas actitudes de oración:

Petición: "Señor, ayúdame a..."

Adoración: "Señor, tú eres..."

Gratitud: "Señor, gracias por..."

Confesión: "Señor, por favor perdóname porque..."

Use la sección "Mis apuntes" en su *Diario Espiritual* para anotar cualquier pregunta sobre pasajes que le resulta difícil entender durante su Momento Devocional. Pídale a su maestro que le traiga las respuestas a la próxima sesión. Empiece a leer Efesios 1:1-14 durante su primer Momento Devocional diario. Lea luego los pasajes sucesivos. Si lo prefiere, divida estas lecturas en porciones más pequeñas deteniéndose en cada nueva percepción bíblica que encuentre. ¡Nuestro anhelo es que siga creciendo espiritualmente al dejar que Dios vaya perfeccionándolo por medio de su Palabra!

Efesios
1:1-14
1:15-23
2:1-10
2:11-22
3:1-13
3:14-21
4:1-16
4:17-32
5:1-21
5:22-33
6:1-9
6:10-24

Filipenses
1:1-11
1:12-30
2:1-18
2:19-30
3:1-11
3:12-21
4:1-9
4:10-23

Colosenses
1:1-14
1:15-23
1:24-29
2:1-12
2:13-23
3:1-17
3:18-25
4:1-6
4:7-18

1 Tesalonicenses
1:1-10
2:1-12
2:13-20
3:1-13
4:1-12
4:13-18
5:1-11
5:12-28

2 Tesalonicenses
1:1-12
2:1-12
2:13-17
3:1-15
3:16-18

1 Timoteo
1:1-11
1:12-20
2:1-15
3:1-16
4:1-16
5:1-10
5:11-25
6:1-10
6:11-21

2 Timoteo
1:1-18
2:1-13
2:14-26
3:1-9
3:10-17
4:1-8
4:9-22

Tito
1:1-16
2:1-15
3:1-15

Filemon
1:1-25

Santiago
1:1-18
1:19-27
2:1-13
2:14-26
3:1-12
3:13-18
4:1-12
4:13-17
5:1-12
5:13-20

1 Pedro
1:1-12
1:13-25
2:1-12
2:13-25
3:1-7
3:8-22
4:1-11
4:12-19
5:1-14

2 Pedro
1:1-11
1:12-21
2:1-12
2:13-22
3:1-18

1 Juan
1:1-10
2:1-14
2:15-29
3:1-10
3:11-24
4:1-6
4:7-21
5:1-12
5:13-21

2 Juan
1:1-13

3 Juan
1:1-14

Judas
1:1-16
1:17-25

Después de haber completado estas lecturas bíblicas selectas en sus Momentos Devocionales, disfrute de la lectura del resto del Nuevo Testamento usando la programación de lecturas que aparece en la página 88 de su *Diario Espiritual*. Empiece con el Evangelio de Mateo.

No nos cansemos, pues, de hacer el bien; porque a su tiempo cosecharemos, si no desmayamos (Gálatas 6:9).

SECCION DE RECURSOS

Adquiera estos recursos de la misma casa editorial en cualquiera de las agencias de distribución listadas al principio de este libro. En Estados Unidos y Puerto Rico, para pedidos o para saber los precios actuales, por favor llame al 1-800-755-5958 de lunes a viernes o mande fax al (915) 565-9008. Si lo hace por correo electrónico, escriba a una de estas direcciones: 70423.771@compuserve.com o cbpservice@juno.com.

Discipulado:
Diario Espiritual Billie Hanks - Núm. 13869.

Un Llamado al Gozo:
   Guía del Maestro Billie Hanks - Núm. 13866.
   Guía del Discípulo Billie Hanks - Núm. 13865.

Un Llamado al Crecimiento:
   Guía del Maestro Billie Hanks - Núm. 13868.
   Guía del Discípulo Billie Hanks - Núm. 13867.

Operación Multiplicación:
   Guía para 12 Sesiones Billie Hanks - Núm. 13873.
   Coordinador Billie Hanks - Núm. 13644.
   Líder de Equipos Billie Hanks - Núm. 13665.

Paquete de Operación Multiplicación - Núm. 13871
Un ejemplar de: *Diario Espiritual, Un Llamado al Gozo: Guía del Maestro y Guía del Discípulo, Un Llamado al Crecimiento: Guía del Maestro y Guía del Discípulo, Operación Multiplicación: Guía para 12 Sesiones, Coordinador, Líder de Equipos* y *Cómo Obtener Paz con Dios.*

Biblias:
Santa Biblia Reina-Valera Actualizada (RVA) Disponible en más de 30 estilos entre los cuales caben destacar:

Santa Biblia RVA Edición más económica, tapa dura, concordancia breve, muy económica, excelente para regalar y para dar como premio.

El Libro de Dios para la Familia de Hoy Edición para familias, tapa dura a todo color, 13 excelentes estudios para orientar a todas las familias - Núm. 48795.

El Libro de Dios para el Creyente de Hoy Tapa dura a todo color con más de 50 páginas de estudios doctrinales para el creyente en desarrollo - Núm. 48792.

La Biblia Vida Abundante Pequeña y delgada, ayudas adicionales para motivar a la juventud - Núm. 48820.

Nuevo Testamento ¡Venid a Mí! 13 estudios bíblicos sencillos para usar individualmente o en grupo, letra de 16 cantos bíblicos - Núm. 48752.

Concordancias:

Concordancia Breve de la Biblia Palabras clave de la Biblia basadas en la versión Reina-Valera 1960 - Núm. 42055.

Concordancia Temática de la Biblia Carlos Bransby, traductor. Contiene 20.000 nombres y temas que pueden ser localizados en la Biblia Versión Reina-Valera 1960 - Núm. 42043.

Concordancia Básica de la Biblia RVA Cecilio McConnell, compilador. Indice alfabético de palabras importantes en la Biblia, y dónde encontrarlas, basado en la versión RVA - Núm. 42101.

Tratados:

Bienvenido a la Familia de Dios - Núm. 20252.

Cómo Obtener Paz con Dios Billy Graham - Núm. 13870.

Cómo Tener Una Vida Abundante y con Propósito - Núm. 20230.

Puente Hacia la Vida Los Navegantes - Núm. 20125.

Audiocasete:

Vida Abundante Audiocasete evangelístico de 35 minutos con drama y música que apela especialmente a la juventud y a todos de espíritu joven. Presenta el plan de salvación con claridad - Núm. 48300.

APUNTES ADICIONALES
Y MOTIVOS DE ORACION

UN LLAMADO AL CRECIMIENTO

¿Ha terminado usted el estudio de *Un Llamado al Gozo*?

¡Felicitaciones!

Mi anhelo y oración es que sea el comienzo de un gran desarrollo espiritual en su vida. Ya puede comenzar a estudiar con su maestro *Un Llamado al Crecimiento*. Converse con su maestro para ponerse de acuerdo sobre cúando empezarán esta segunda etapa de capacitación como creyente en desarrollo.

Un Llamado al Crecimiento brinda instrucción inspiradora sobre cómo:

- Lograr una vida de oración más poderosa
- Compartir su fe con naturalidad
- Estudiar la Biblia
- Memorizar pasajes bíblicos
- Meditar sobre la Palabra de Dios

¡Que los próximos meses sean los más provechosos, espiritualmente hablando, que jamás haya vivido!

Ruego al Señor que así sea,

Billie Hanks

Por tanto, de la manera que habéis recibido a Cristo Jesús el Señor,
así andad en él, firmamente arraigados
(Colosenses 2:6,7a).